発達障害の子をサポートする ソーシャルスキルトレーニング実例集

すぐに使える！
別冊・指導教材つき

＊監修＊
聖徳大学児童学部児童学科准教授
腰川一恵
一般社団法人フロレゾン代表理事　臨床発達心理士
山口麻由美

池田書店

はじめに

私たちは、生活のなかで対人関係や集団行動を上手に営むための技能である「ソーシャルスキル」を身につけ、活用しています。けれども、発達障害の子どもたちのなかには、ソーシャルスキルの獲得が困難な子がいます。

例えば、「仲よくしなさい」といくら伝えても、発達障害の子どもたちは、どうしたらよいのかがわかりません。「仲よくする」ためには、「仲間に入れて」と言葉で伝える、相手の気持ちに気づき共感するなどといったソーシャルスキルが必要です。「仲よく」できるように、どのソーシャルスキルにつまずいているかを検討し、つまずきに応じたソーシャルスキルトレーニングを行っていくことが大切です。

本書では、幼児期から中学生ごろまでの子どもたちが苦手に感じやすいソーシャルスキルを整理しました。実際に指導の現場で行われている「言葉」「気持ち」「行動」「自己認知」に関するソーシャルスキルトレーニングの例を示し、実施するときに注意すべきポイントも詳しく解説しています。子どもが困難を抱える事例から、個別指導や集団指導で活用できるソーシャルスキルトレーニングを検索することもできます。

幼児期から中学生にかけて、子どもたちが学ぶソーシャルスキルは数多くあります。すぐには変化がないこともありますが、ひとつの経験が子どもたちのソーシャルスキルを育てる足がかりになっていきます。園や学校のなかで、先生方がソーシャルスキルトレーニングに取り組むきっかけとして本書を活用していただき、子どもたちの成長につなげていただけることを願ってやみません。

腰川　一恵
山口麻由美

ソーシャルスキルトレーニングとは

友だちへの気遣いが足りず、相手を傷つけてしまう、コミュニケーションが苦手で友だちの輪に入れないなど、言動が気になる子どもはいませんか。もしかすると、その子はまだソーシャルスキルが身についていないのかもしれません。

Q ソーシャルスキルってどんなもの？

A 人とかかわるための技能です

人とかかわるときのルールやマナーを身につけたり、相手の話をよく聞いたり、自分の意見をうまく伝えたり、時に相手の要望を上手に断ったりするための技能が「ソーシャルスキル」です。社会生活を気持ちよく送るために必要な技能といえるでしょう。最近、ソーシャルスキルが身についておらず、人とかかわるのを苦手と感じている子どもたちが増えています。

Q 身につけるとどう変わるの？

A 園や学校での生活がより楽しくなります

友だちとのトラブルを避けたり、たとえトラブルになっても、上手に解決したりする技能が身につきます。友だちを気遣うこともできるようになります。友だちとのコミュニケーションがうまくとれるようになると、園や学校により楽しく通えるようになるでしょう。また、ソーシャルスキルトレーニングを行うと、子どもが自主的にルールやマナーを守れるようになるため、教師が子どもを注意したり、同じことを繰り返し説明したりする時間を減らすこともできます。

Q 特別支援学級だけでやるものではないの？

A 通常学級でも取り入れるところが増えています

少し前まで、ソーシャルスキルトレーニングは特別支援学級や通級指導教室などでのみ行われていました。しかし最近では、通常学級でも行われるようになってきています。学校全体や地域全体での取り組みも増えています。園だけでなく、小学校や中学校、高校にも広がっています。

Q 専門知識がないとできないのでは？

A ポイントがわかれば誰でもできます

ソーシャルスキルトレーニングには、子どもの気持ちを言葉で補って共感する、感謝の言葉を添えるなど、普段行っている声かけを工夫するだけでできるものもあります。本書は、声かけの例を具体的に掲載し、初めて行う教師でも取り入れやすいよう、工夫しています。また、通常学級でも取り入れやすい、クラス全体で行えるトレーニングをたくさん盛り込んでいます。

Q 準備が大変そうですが…

A 準備が必要ないものもあります

ソーシャルスキルトレーニングには、とくに準備をしなくても簡単にできるものや、10分程度の短時間でできるものもあります。朝の会や帰りの会、お集まり、授業の始めの10分間などを使って取り入れてみてください。本書では別冊付録として、コピーするだけで使えるワークシートや絵カードを掲載しています。ご活用ください。

ソーシャルスキルトレーニングを
始める前に

1 子どもの立場で考えよう

ソーシャルスキルトレーニングの前に、日常の支援を見直していきましょう。ソーシャルスキルトレーニングがより効果的に行えるようになります。

✔気になる言動には必ず理由がある

子どもの気になる言動には理由があります。例えば、授業中に席を立ってしまうのは、外の音が気になって授業に集中できないからかもしれません。友だちのものを勝手に使ってしまうのは、「貸して」と言うルールを理解していないからかもしれません。子どもの様子をよく観察してその理由を知り、適切な支援を行っていきましょう。

✔支援を特別なことにしない

誰にでも得意なことと苦手なことがあります。本書では、発達障害のある子ばかりでなく、そうでない子にも有意義なトレーニングを紹介しています。支援を特別なこととらえるのではなく、クラスの全員が「できる」と実感して自信をもてるような支援をしていきましょう。

✔気づきを大切に

たくさんの子どもたちとかかわる園や学校の教師だからこそ気づける子どもの言動や様子、変化があります。どうしたのかな？　困っているのかな？　など、日々の気づきを大切にし、いち早く子どもの困難や悩みに対処できるようにしていきましょう。

2 楽しくできることが大切

楽しいときが学べるとき

楽しいとき、子どもの学びの力は一番大きくなっています。子どもの興味があることをトレーニングの題材にするなど、活動や学習する内容に興味をもてるようにすることが大切です。楽しい活動だとわかると、子どもは積極的に取り組もうとし、学ぶ姿勢ができます。そのときをうまく利用して、最大限に学べるようにしていきましょう。

完璧にする必要はない

支援の一番の目的は、できることを増やして子どもに自信をもたせることです。ですから、トレーニングを行っても、すぐに完璧にできるようになる必要はありません。スモールステップで、周囲と協力したり助けてもらったりしながら、学んでいくことが大切です。

こだわりには柔軟に対応を

子どものなかには、いつもと違う手順や方法だと、不安になったりパニックを起こしたりする子がいます。こだわりはある程度は認めながら、子ども自身や周囲が危険な目にあったり、困ったりする場合には代案を示しましょう。子ども同士でも互いに配慮し合えるように声をかけていきます。

3 指示は具体的にわかりやすく

「〜しましょう」の形で

「おしゃべりはやめなさい」「授業中に立ち歩いてはいけません」などと言われても、どうしてよいかわからない子どもがいます。指示をするときは「今は口を閉じて静かに話を聞きましょう」「イライラしたら深呼吸をしましょう」など、今やるべきことを具体的に指示します。

また、言葉で言われただけでは理解しにくい子、忘れてしまう子もいます。守るべきルールは、黒板に書いたり、紙に書いて貼りだしたりしておきます。できるだけ教師が注意しなくてもよいように工夫することも大切です。

事前・直前の確認を

社会生活で守らなければいけない暗黙のルールなどがわからない子どもやルールを覚えていられない子どもがいます。事前・直前に確認し、ルールに気づけるようにします。また、子どもが自分で確認できるよう、その日の予定や変更事項を貼りだしておくとよいでしょう。

五感に訴える

子どもはまだ理解力が十分ではないので、口頭だけ、絵だけでは理解しにくいことがあります。文字や絵、映像を見せる、実物に触らせるなど、いろいろな方法で理解できるようにします。五感に訴えかけるよう、伝え方を工夫しましょう。

4 達成感を与えて意欲を引き出そう

子どもはみなほめられたい！

子どもは保護者や教師から「よくできましたね」「がんばりましたね」などとほめられると、その行いがよいことだと気づきます。また、ほめられて達成感を味わうことができると、もっとがんばろうという意欲もわいてきます。当たり前と思われることでも、子どもができたことやがんばっていることは、何度でもほめて意欲に結びつけましょう。

助け合えるクラスに

クラスは得意なことも性格も違う子どもの集まりです。ペア学習やグループ学習などを利用して、互いに得意なことを教え合ったり、うまくできないところを助け合ったりする経験ができるようにしていきます。

役割をもたせる

人は役割をもつことで、責任感を感じたり、自分も役に立ちたいと思ったりして、普段以上にがんばれることがあります。係や当番活動を利用して子どもに役割を与え、人のために役立ち、周りから感謝されるよろこびを実感できるようにします。

✔余計な刺激を減らす

視界に入ってきたものや聞こえた音、ただよってくるにおいなど、外部の刺激に対して敏感で、注意が散漫になってしまう子がいます。気になって活動や授業に集中できないこともあるでしょう。

活動内容に合わせて、余分な刺激をできるだけ減らして、授業に集中できるように環境を整えます。目隠しとなるカーテンを利用したり、子どもの席を窓や廊下から離れた教室の真ん中に配置したりするなど、工夫します。

✔落ち着ける場所を

感情的になると、気持ちを落ち着けるのに時間がかかる子がいます。図書室、保健室など、その子が落ち着ける場所を決めておき、必要であれば、授業中でもその場所に行くことを認めておきます。ただし、その場所を利用するときのルールはあらかじめ知らせ、守れるようにします。

✔道具や教材を活用しよう

トレーニングのやり方に決まりはありません。言葉で理解するのが苦手な子には絵カードを使う、ルールを覚えておくことが難しい子にはルールを書いた紙を持たせる、長時間集中できない子には課題を細かく分けて出すなど、道具や教材を使い、やり方を工夫して、子どもの苦手なことを補えるようにします。

6 自己肯定感を育てよう

挑戦する気持ちを大切に

保護者や周囲の人からほめられる機会が少なく、しかられて育ってきた子は「自分はだめだから」「どうせやってもむりだ」などと、やってみる前に諦めてしまうことがあります。これではその子のよい部分を伸ばすことができません。

その子の得意なことや好きなことから挑戦してもらい、できたことをほめて、自信につなげましょう。成功体験を積み重ねることが自分を受け止め、がんばろうとする自己肯定感を育みます。

縄跳びがしたいんだね。
教えてくれてありがとう

いろいろな価値観がある

ひとつの考えや価値観に強くこだわる子がいます。子どもの考えをまず受け止めたうえで、ほかの考えや価値観があることを教えていきましょう。一人ひとりが違っているほうがおもしろいことを伝えながら、いろいろな価値観に触れる機会をつくりましょう。

私はAだと思います
ここはどうだろう?
僕はBかな

失敗してもいい

一生懸命に取り組んだこと、努力したことは、たとえ結果が出なくても、がんばったこと、挑戦したことをほめましょう。ほめられた経験が積み重なれば、それが自信となって、「次もがんばってみよう」という気持ちが育ちます。

次がんばろう

Contents

言葉

気持ち

Part 4 ソーシャルスキルトレーニングの導入例

本書の使い方

P54～170の「ソーシャルスキルトレーニング実例集」の使い方を紹介しています。

ソーシャルスキルトレーニングを探す

身につけたい ソーシャルスキルから探す

→P12～ Contents へ

●「言葉」「気持ち」「行動」「自己認知」の4つの分類から必要なソーシャルスキルとそのトレーニングが探せます。
●ソーシャルスキルは分類ごとに難易度順に並んでいます。

子どもの気になる様子や 課題から探す

→P48～ 子どもの「困った！」から引けるトレーニング検索 へ

●事例（子どもの行動や課題）と考えられる要因から必要なソーシャルスキルトレーニングが探せます。
●事例は「コミュニケーション」「セルフコントロール」「集団行動」の3つに分けられています。

ソーシャルスキルトレーニングを行う

このトレーニングを通じて学んでほしい内容です。

このトレーニングに適した学年と子どもの人数です。

このトレーニングで使う教材が別冊付録にあります。活用してください。

そのソーシャルスキルが身についていないことで起こる子どもの行動の事例を紹介しています。

トレーニングの手順とフィードバックのコツなどを紹介しています。

ソーシャルスキルを「言葉」「気持ち」「行動」「自己認知」に分類しています。

トレーニングを効果的に行うためのポイントです。

さらに「自分」「相手」「相互」の３種類に分けられています。

トレーニングで身につけるソーシャルスキルです。

ソーシャルスキルを日常的に使えるようにするためのポイントです。日々の支援に役立ててください。

併せて取り組みたいトレーニングを紹介しています。

事例から考えられる子どもが困難に感じている点や課題を紹介しています。日々の支援のヒントにもなります。

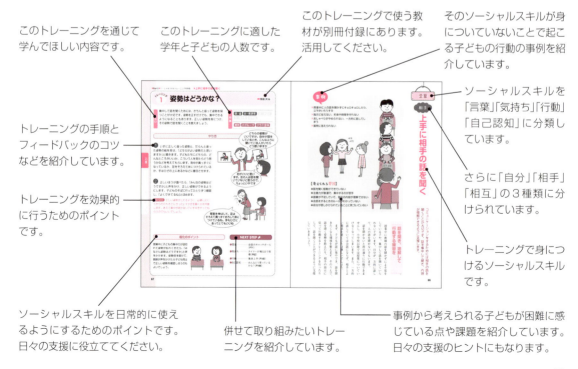

Part

1

子どもの発達とソーシャルスキルトレーニング

人とよい関係を築き、上手に社会生活を送るための技能（スキル）のことを「ソーシャルスキル」といいます。それらを習得するための訓練であるソーシャルスキルトレーニングが、教育現場でも注目されています。

基礎編

ソーシャルスキルとは

人とかかわるうえで欠かせない技能が「ソーシャルスキル」です。どんなスキルがあるか、どうやって身につけるのかを知りましょう。

ソーシャルスキルとは?

ソーシャルスキルは、社会のなかで人とかかわるときに必要な技能のことです。

人とかかわるとき、私たちは相手に共感したり、話し合ったり、相手の気持ちを察して行動したりしています。自分が苦手なことを手伝ってもらうこともあります。これらは当たり前のことのようですが、私たちは無意識のうちにソーシャルスキルを使っているのです。

ソーシャルスキルにはさまざまな項目や分類のしかたがありますが、本書では「言葉のスキル」「気持ちのスキル」「行動のスキル」「自己認知のスキル」の４つに分けて考えていきます。

ソーシャルスキルの意義

私たちは生まれつきソーシャルスキルを身につけているわけではありません。人とのかかわりのなかで教わったり、自ら学んだりして、少しずつ身につけていきます。また、人とのかかわり方は決まったパターンがあるわけではなく、相手に合わせて使い分ける必要があります。時には対応に迷ったり、うまく折り合いをつけられずに、相手と対立したりすることもあります。

ソーシャルスキルの基本を押さえておくことで、対人関係がスムーズになりやすく、人と楽しくかかわれるようになります。それだけではなく、わからないことを人に聞いたり、自分の苦手なことやできないことを人に手伝ってもらったりできるようになります。ソーシャルスキルは日常のさまざまな問題解決に役立つ、自分自身の可能性を広げるための技能といえるでしょう。社会で生きていくためだけではなく、自己実現の意味でもソーシャルスキルは重要なのです。

子どもの発達とソーシャルスキル

では、人はどのようにソーシャルスキルを獲得していくのでしょうか。

人が最初に接する他者は、多くの場合、保護者です。子どもは保護者とのかかわりのなかで、声やしぐさで他者に欲求を知らせることを学び、実践していきます。

4つのソーシャルスキル

私たちはさまざまなソーシャルスキルを使って、周りの人とよい関係を築こうとします。ソーシャルスキルにはいろいろな項目や分類方法がありますが、本書では以下の４つに分けて考えていきます。

言葉のスキル

★あいさつをする
★自分のことについて話す
★相手の話を上手に聞く
★質問に適切に答える
★適切な言葉で話す　　　など

気持ちのスキル

★自分の気持ちをコントロールする
★いやなことを断ったり、他者を許したり、受け入れたりする
★気持ちやこだわりを切り替え、次の活動に移行する
★相手の表情から気持ちを読みとる　　　など

行動のスキル

★相手の意図や場面に合わせて行動する
★ルールを理解し、守る
★行動の意図を理解し、結果を予想する
★指示に従い、集団での一斉活動に参加する
など

自己認知のスキル

★自分のことを受け入れる
★自分の行動の結果を見て振り返る
★自分の苦手なことを理解し、対処する
★さまざまな価値観で考える、相手を認める
など

そして、少しずつ、保護者から身近な大人へと、かかわりを広げ、大人のまねをしながら（模倣学習）、他者とのかかわり方を学んでいきます。

成長に伴って行動範囲が広がり、保育園や幼稚園に通い始めると、同世代の子どもとのかかわりが出てきます。それまで子どもだからと大人に許されていたことも、同世代では受け入れられずにトラブルになることもあります。大人からルールを教えられたり（教示）、大人の助けを借りながら、友だちとのよい関係を築くことを学んでいきます。

さらに成長すると、大人よりも同世代とのかかわりが多くなっていきます。友だちと一緒にいると楽しい、ルールを守ると気持ちよく遊べる、悪口を言えば相手が悲しんだり、けんかになって自分もいやな気持ちになったりするなど、さまざまなことを体験を通して知っていきます。そうした実践的な関係のなかで、人や社会とのかかわり方を学び、身につけていくのです。

基礎編

ソーシャルスキルトレーニングとは

ソーシャルスキルの習得度には個人差があります。身についていない子どもはトレーニングを通じて学ぶ機会をもつことが重要です。

ソーシャルスキルを実践的に学ぶ

ソーシャルスキルトレーニングとは、前述したソーシャルスキルを、模倣学習や教示、体験を繰り返しながら学んでいくものです。実際には、絵カードやロールプレイ、ゲームなどを通じて学びます。ひとりで行うものもありますし、少人数のグループやクラス全体などの大きなグループで取り組むものもあります。

ソーシャルスキルトレーニングには、どのような場面で、どのような言動をとったらよいかといった、人とかかわる際の対応を具体的に学び、成功体験を増やしていくことで、自信をつけさせるなどのねらいがあります。

なぜトレーニングが必要か

本書を読んでいるみなさんのなかには、これまで述べたソーシャルスキルについて、「学んだ」という意識はないと感じる人もいるかもしれません。

確かに、これまでソーシャルスキルは家庭でのしつけや、年長者のまねをしたり友だちとかかわったりしていくなかで、自然と学び、身につけていくものと認識されていました。

しかし、少子化や家族形態の変化などによって、子どもの生活や遊びが変化したことで、人とのかかわりが減って、ソーシャルスキルを学んだり、実践したりする機会が少なくなっています。また、人とのかかわりを苦手と感じる子や、うまくかかわれない子どもが多くいることもわかってきました。

そのため、現在では、ソーシャルスキルトレーニングを保育園や幼稚園、学校でも教える必要があると認識されつつあります。

発達障害とソーシャルスキルトレーニング

近年「友だちと遊べない」「すぐに暴力を振るってしまう」「集団行動が苦手」「忘れ物が多い」など、「気になる」行動がみられる子どもが増えているといわれています。

そうした子どものなかには、同世代の子どもと比べて発達が遅かったり、発達

ソーシャルスキルトレーニングで期待できる効果

ソーシャルスキルトレーニングを行うことで、人とよい関係が築けるようになるほか、見通しが立てられるようになったり、ストレスの解消法を身につけたりすることが可能になります。

友だちとよい関係が築けるようになる

社会生活を送るうえでのルールやマナーが身につく

感情をコントロールしたり、集中できるようになったりする

自分の言動を振り返り、反省し、修正する力がつく

ストレスをうまく処理できるようになる

周りの人に手伝ってもらうようお願いしたり、得意なことで人を助けたりできるようになる

用語解説

【ソーシャルスキルの定義】

世界保健機関（WHO）では、ソーシャルスキルを、「日常生活のなかで出会うさまざまな問題や課題に、創造的でしかも効果のある対処ができる能力」としています。この「創造的に」というところが、ポイントでしょう。

人とのかかわり方は教科書に方法が書いてあるわけではありません。状況に合わせて「創造的に」身につけていく技能なのです。世界保健機関によると、ソーシャルスキルは具体的には意思決定能力、問題解決力、想像力、対人関係スキルなどが挙げられています。

のしかたに偏りがあったりする「気になる子」や、自閉症スペクトラム障害やADHDなどといった発達障害のある子どももいます。

こうした子どもたちは、人とのかかわりが少なく、また経験から学び取ったり、学んだことを実際の場面で実行したりすることが難しい傾向があります。ソーシャルスキルについても同じです。そのため、ソーシャルスキルトレーニングにより、意識的に学び、練習することが必要になります。

早くからトレーニングをすることが大切

ソーシャルスキルトレーニングは発達段階の早いうちから取り組むことが大切です。早いうちから学び、練習することで、トレーニングに対する抵抗感がなくなりますし、同世代の子どもたちと差がつく前に取り組むことで、学んだことを実践しやすく、人とよりよい関係を築きやすくなります。

適切な対応やトレーニングが受けられないと、子どもたちは日常生活のなかで困難な状況に直面することが増えます。周りとよい関係が築けなかったり、トラブルになったりします。保護者や教師に怒られることも多くなるでしょう。すると、子どもは「人とかかわってもいいことがない」「みんな自分のことをわかってくれない」「自分が悪いんだ」などと感じて、周囲に反発して周りとの関係が悪化したり、他者とのかかわりを避けて自分の殻に閉じこもってしまったり、自信をなくして社会生活に意欲をもてなくなったりします。これを「二次障害」(44ページ)といいます。

人間関係に苦手意識をもつ前に、できるだけ早いうちから、トレーニングを始めることが大切です。早くにトレーニングを始め、成功体験を積み重ねていくことで、子どもは自分の特性を生かして、自分らしく成長できるようになり、教師がその子の可能性を引き出すこともできるようになります。

用語解説

【ソーシャルスキルトレーニングの始まり】

ソーシャルスキルトレーニングは、「自転車の乗り方を練習するように、人との接し方も、練習によって身につけることができる」という考え方に基づいています。もともとは神経症の人が対人不安を克服するための方法としてアメリカで開発されたもので、アメリカやカナダでは、教育現場においても積極的に取り入れられています。

日本では1994年から精神科などの治療の一環として取り入れられるようになり、現在では、不登校やいじめ問題、学級崩壊など、現代の教育問題を解決するためのひとつの手段として、期待されています。

発達障害の子どもとソーシャルスキル

発達障害の子どものなかには、以下のような特性をもつ子どもがいます。こうした子どもは、人とうまくかかわれないことが多く、トレーニングが必要です。

自分の感情や行動をコントロールできない

★好き嫌いが激しい
★かんしゃくを起こしやすい
★おしゃべりが多い
★順番を待てない
★場面によって行動を切り替えることができない　など

自尊心が弱く、自信がもてない

★人とのかかわりを避ける
★活動に参加しない（工作するみんなをそばでじっと見ているなど）
★新しいことに対応できなかったり、変更をいやがったりする　など

発達に偏りがある

★触覚だけが鋭敏など、知覚に偏りがあり、刺激されると感情を爆発させる
★聴覚と視覚からの情報処理に差がある
★集中力が低い
★順序立てて考えたり、見通しを立てたりすることが苦手　など

相手の気持ちを想像できない

★相手の表情から気持ちを察したり、状況に合わせた言葉かけができない
★ほかの人がやっていることを邪魔する
★人を傷つける言動をとる
★出し抜けに話すなどして会話のキャッチボールができない　など

Voice

子ども同士で注意し合わないよう、クラスのルールとして「注意するのは先生の役割」と決めていました。悪い言葉を使ってしまうことが多い子どもに私が頻繁に注意していたところ、次第に周りの子どもが、教師である私が怒っているまねをするように……。

このままではクラスの雰囲気も悪くなってしまうと思い、指導方法を変えることにしました。クラス全体でどんな言葉で話したらいいかを考えたり、教室によい言葉と悪い言葉を書いて貼りだしたりしました。子どもが悪い言葉を言ってしまいそうな場面があれば、その子の名前を呼んで、口に出してしまう前に自分で気づけるようにし、どうしても我慢できずに言ってしまったときは、後で先生と二人で反省する、というようにしました。今では、子どもが私の怒り方をまねをすることもなくなりました。

子どもは大人の言動に影響を受けるため、指導する大人自身が手本になるような行動をしなければいけないのだと強く実感した出来事でした。

基礎編

ソーシャルスキルトレーニングの心得

ソーシャルスキルトレーニングを行うとき、どんなことに注意したらよいでしょうか。指導するうえでのポイントを知りましょう。

学びには信頼関係が重要

ソーシャルスキルは、ほかの科目やスキルと同じように、新しく学んだり、復習して学び直したりすることで身につくものです。重要なのは、学ぶ側が意欲的に取り組めるようにすることです。

そのためには、まず子どもと指導者の信頼関係を築くことが必要です。信頼関係がなければ、どんなにソーシャルスキルトレーニングを工夫して行ってみても、子どもは意欲的に取り組むことができませんし、効果も得にくいでしょう。

注意ばかりしていても、信頼関係を築くことはできません。よいところをしっかりとほめ、よい行動も見ているのだということを伝えましょう。それを繰り返すことが信頼関係を築く第一歩です。

ポイントは自己肯定感

自己肯定感とは、自分自身の存在を、長所だけでなく、短所も含めて肯定し、自分を受け入れる感覚のことです。難しそうなことにも挑戦する、新しいことに好奇心を抱く、たとえ失敗しても次に生かす。そういう心は、この自己肯定感があるからこそ生まれます。

自己肯定感を育むには、ほめて「成功体験」を増やすことが大切です。少しでもできたことがあれば、「よくできたね」「いいよ」とほめます。できなくても、「がんばったね」と挑戦そのものをほめま

Voice

友だちが遊んでいるおもちゃを取り上げて、遊びだしてしまう子がいました。電車が大好きで、電車には注目できていますが、電車を持っている友だちには気づけていないようでした。

そこで、保育者である私が、まず電車を持ってその子の近くに行って、その子のまねをし、人に気づけるようにしました。慣れてきたら友だちにも関心がもてるように友だちの名前を呼んだり、友だちも交えてできる遊びを提案して一緒にやってみたりしました。次第に人とのかかわりが増え、人とコミュニケーションをとる環境ができ、少しずつ人にも注目できるようになりました。

今では大好きな電車のおもちゃも友だちに「貸して」と言われたら貸してあげられるようになりました。

しょう。子どもはほめられることではじめて「できた」と感じ、「次はもっと」とがんばれるようになるのです。

また、単にルールを押しつけて守らせるのではなく、妥協できるところがあれば、ルールを変えてその子が守れるように工夫することも大切です。その子に合ったレベルで挑戦させることも、成功体験を増やすことにつながります。

子どもの興味を生かす

ソーシャルスキルトレーニングに興味をもたせることも大切です。そのためには、その子が好きなものをトレーニングに取り入れます。

子どもには必ず好きなものがあります。好きなものに取り組んでいるときは、子どもが自己発揮できているときです。このとき、学ぶ力はもっとも大きくなっています。子どもをよく観察し、よろこんで取り組んでいることは何か、探ってみましょう。

子どもの興味に合わせたトレーニングを行う

子どもが好きなもの、興味をもっているものに関連づけることで、ソーシャルスキルトレーニングに取り組みやすくなったり、意欲が高まったりします。

まずは人とかかわる楽しさを伝えよう

ソーシャルスキルトレーニングは、人とのかかわり方を学ぶためのものです。ここで子どもたちに一番学んでほしいことは、「よい関係を築くと、人とかかわることが楽しくなる」ということです。これが実感できると、ソーシャルスキルを学ぶ意欲が出てきます。ですから、ソーシャルスキルトレーニングは楽しく取り組むことが大切です。

教師が一方的に教えたり、できないことを何度も繰り返して練習させたりしていたら、ソーシャルスキルトレーニングがつらくて、つまらないものになってしまうでしょう。すると、「人とかかわることは面倒でいやなもの」というイメージを子どもたちに与えてしまうかもしれません。ソーシャルスキルトレーニングを行うときは、楽しい雰囲気でできているか、子どもたちの表情や声の調子などに常に留意します。

ソーシャルスキルトレーニングは楽しく

人とかかわることの楽しさを学べるように、ソーシャルスキルトレーニングは、笑顔で、楽しい雰囲気で行うことが大切です。

Part

2

ソーシャルスキルトレーニングを始めよう

子どもに必要なソーシャルスキルにはどのようなものがあるか、それぞれの子どもが身につけるべきソーシャルスキルの見極め方を学びます。また、効果的にソーシャルスキルトレーニングを進める流れについても知りましょう。

準備編

行動分析で必要なスキルを見極めよう

ソーシャルスキルトレーニングは、その子に必要なソーシャルスキルをみつけるところから始まります。その際、心理学の行動分析が役立ちます。

行動の背景に隠れた原因をみつける行動分析

「友だちと一緒に遊べない」「暴力を振るってしまう」といった気になる行動がみられるとき、そこには必ず原因があります。その原因こそが、子どもが必要としているソーシャルスキルであり、多くの場合、子ども自身もそれを困難に感じています。トレーニングを通じて足りないソーシャルスキルを身につけることで、その子が抱えている困難や気になる行動を減らすことができると考えられます。

　その子に必要なソーシャルスキルを知るためには、まずその子の行動の背景にある原因や何を困難に感じているかを把握することが重要です。それには、心理学の行動分析が役立ちます。

　行動分析は、一連の出来事を「どのようなときに（条件）」「何をして（行動）」「どうなったか（結果）」の3つに分けて考え、行動パターンを導き出すものです。行動パターンから、行動のクセや得意なこと、苦手なことを把握できるようになり、効率的なトレーニングが可能になります。行動分析は心理学だけではなく、幅広い分野で使われており、最近では子どもの抱える課題や悩みを早期に発見、支援する方法のひとつとして、教育現場でも注目されています。

行動分析で必要なスキルを探る

友だちの使っているものを取ってしまうA君とB君について考えてみましょう。

　A君は工作の時間に隣の席の友だちのはさみを取って使ってしまいました。B君は友だちの持っていたボールを取ってひとりで遊び始めてしまいました。どちらも人のものを取ってしまうという気になる行動です。しかし、行動の背景にある原因は異なっているかもしれません。

　もしかするとA君は工作で使うはさみを持ってくるのを忘れてしまって、困っていたのかもしれません。隣の席の友だちのはさみを借りようと思って取ってしまったのであれば、人のものを借りるときは「貸して」とお願いするという「ルールを理解し、守る」という行動のスキルを身につける必要があります。

　ルールはわかっていたけれど、なんと

行動分析の例

行動分析では、行動の前後の状況から、行動の背景にある原因や子どもの抱える困難を明らかにしていきます。行動や状況から考えられる要因はひとつではありません。いろいろな可能性を考えてみましょう。

A君の場合

どのようなときに（条件、刺激）		背景にある原因、困難		どうしたか（行動）		そのためにどうなったか（結果）
工作で使うはさみを忘れてしまった	→	？	→	隣の席の友だちのはさみを取った	→	友だちを怒らせた

普段から友だちに話しかけることが少ないかも…。なんと言えばよいかがわからないのかな。緊張するのかな

そういえば急に行動してしまうことがあるな。使いたい気持ちを抑えられなくて、ルールを振り返る前に取ってしまったのかな

ルールのある遊びは苦手だな。ものを借りるときのルールもわからないのかも

忘れ物が多いな。忘れ物をしないように工夫しよう

B君の場合

どのようなときに（条件、刺激）		背景にある原因、困難		どうしたか（行動）		そのためにどうなったか（結果）
友だちがボールで遊んでいた	→	？	→	友だちのボールを取った	→	みんなと遊べなかった

みんなで一緒に遊ぶ時間なのにひとりで遊び始めてしまった。遊び方がわからなかったのかな。わかりやすく指示してみよう

友だちを見ていなかったな。動くものに注目してしまうのかも

ボールが大好きだから、どうしても気持ちが抑えられなかったのかな

言えばよいかがわからなかった、または言葉は知っていたけれど言えなかった可能性もあります。そのような場合は、「あいさつや声かけをする」という、言葉のスキルをトレーニングするとよいでしょう。

　ルールも、「貸して」という言葉も知っていたけれど、目に入ったはさみを見て、考える前に取ってしまったのであれば、「自分の気持ちをコントロールする」という気持ちのスキルを身につければ、今使いたいという衝動を抑えて落ち着いて行動ができるかもしれません。

　A君が普段から忘れ物が多いようであれば、忘れ物が多い、忘れっぽいという「自分の苦手なことを理解し、対処する」という自己認知のスキルを身につけることで、忘れ物をしない工夫ができるでしょう。

　一方、ボールを取り上げてしまったB君はどうでしょうか。B君はボールが好きで、ボールで遊びたいという気持ちを抑えられなかったのであれば、「自分の気持ちをコントロールする」という気持ちのスキルが身についていないことが考えられます。

　ボールばかりに気を取られて、ボールを持っている友だちに注目できていなかった可能性もあります。そのときは、「相手を意識する、気遣う」という行動のスキルが必要です。

　もし、B君がボールで遊び始めたのが、みんなで一緒に遊ぶ時間や、片づける時間だったのなら、周りの状況に合わせて行動することが難しいのかもしれません。「相手の意図や場面に合わせて行動する」という行動のスキルを身につける必要がありそうです。

　このように同じような行動であっても、その背景にある原因や困難によって、身につけるべきソーシャルスキルは異なります。ひとつのスキルだけでなく、複数のスキルが必要なこともあるでしょう。子どもの気になる行動の前後の様子をよく観察、分析して、行動の背景にある原因や困難と、どのようなスキルが身についていて、どのようなスキルが身についていないかを、できるだけ詳細に把握することが大切です。

行動分析のコツ

　子どもの行動の原因や抱えている困難を把握するには、行動パターンをつかむことが大切です。そのために、行動分析の際は、次のことに着目するといいでしょう。

・行動が起きたときの日時、場所
・そのとき行っていた活動の内容
・行動の前の状況やきっかけ
・どんな行動をとったか
・その行動の後、子どもはどうしたか
・それに対する教師の対応、指導
・周囲の反応

　できれば観察するだけではなく、記録して、客観的に分析できるようにします。また、気になる行動だけを見るのではなく、普段の生活のなかで気づいたことや、よくできていたことも、同様の視点から

行動分析と記録のポイント

いつ、どこで、何が起こったか、その結果どうなったかを具体的に記録します。それを積み重ね、分析することで、行動の背景にある原因や困難に気がつけるようになります。複数の要因がからみ合っているときも必要なソーシャルスキルが整理しやすくなります。また、指導方法を見直すのにも役立ちます。

行動分析表

気になる行動	友だちのはさみを取って使ってしまった
日時、場所	工作の時間、教室
活動内容	はさみを使った製作
行動前の状況	はさみの切り方を確認して、製作を始めたところ
行動	隣のＣ君のはさみを取って使ってしまった
子どもの様子	はさみで製作を始めた
周りの反応	Ｃ君が怒ってしまった
教師の対応	Ａ君に「ものを借りるときはどうするんだった？」と声をかけた

↓

要因	「貸して」とお願いするルールを知らない
必要なスキル	ものの貸し借りのルールを知る
トレーニング	○対になっている言葉を学ぶトレーニングを行う（p.57「ドキドキ！ ばくだんリレー」） ○ものの貸し借りのロールプレイを行う
般化に向けて	○ものの貸し借りのルールが守れた子どもを「○○ができたね！」と具体的にほめる ○日常生活のなかで、Ａ君が「ありがとう」「ごめんね」などと友だちに声をかけられたときにほめる

観察し、分析するようにします。すると、それまで気がつかなかったその子の性質や特徴、よいところが発見できるでしょう。それが、ソーシャルスキルトレーニングの効果を高めるヒントにもなります。

本書では、行動分析とそこから必要なソーシャルスキルをみつけるヒントとして、「子どもの『困った！』から引けるトレーニング検索」（48ページ）を設けています。ここには、よく保護者や教師から聞かれる子どもの気になる行動と、そこから推察される必要なソーシャルスキル、それに対するトレーニングがリストになっています。子どもの行動分析のヒントとして、活用してください。

準備編

ソーシャルスキルトレーニングの流れ

ソーシャルスキルトレーニングには、5つのステップがあります。それぞれのステップの目的とポイントを知りましょう。

ソーシャルスキルトレーニングの5つのステップ

子どもに必要なソーシャルスキルがわかったら、ソーシャルスキルトレーニングを始めます。ソーシャルスキルトレーニングには、大きく5つのステップがあります。

最初のステップは「教示」です。どうしてそれをやるのか、といった理由や、いつ、どのようにやるのか、そのやり方などを、言葉や絵などで教えます。やり方や理由が理解できたら、次に実際にやって、手本を見せます。これを「モデリング」といいます。手本を見ることで、教示されたものが、よりイメージしやすくなります。イメージができたら、「リハーサル」で実際に練習してみます。ロールプレイやゲームなどを通じて行います。次に、行ったことを「フィードバック」で評価します。ここでできていたことや次の課題を明確にします。そして、最後にここまで練習してきたことを、実際の生活のなかでもできるように「般《はん》化《か》」します。学んだスキルがどんな場面で使えるか、日常のシチュエーションをイメージさせたり、習慣化できるように練習させたりすることで、スキルを定着させます。

5つのステップをいっぺんに行う必要はありません。トレーニングに使える時間や、子どもの理解度や集中力などを見ながら、同じステップを繰り返したり、前のステップに戻ったりしながら進めます。

教示のポイント

教示とは、言葉や絵で教えることです。気になる行動をとる子どものなかには、感覚や発達にアンバランスな面がある子どもも多くいます。そのため、教示の際には、その子に伝わりやすい方法で行うことがポイントです。

注目させる

指示が自分に向けられていることになかなか気づけない子もいます。教示する前にその子の名前を呼んだり、肩をたたいたりして、指示に注目できるようにします。見通しが立てられるように、説明する内容をあらかじめ示しておくのもよいでしょう。

ソーシャルスキルトレーニングの流れ

ソーシャルスキルトレーニングを効果的に行うために、教示、モデリング、リハーサル、フィードバック、般化の5つのステップに分けて指導を行います。子どもの理解度を見ながら、繰り返したり、戻ったりしながら進めることが大切です。また、5つのステップすべてを一度に行う必要はなく、分けて行ったり、一部だけ行ったりしてもよいでしょう。

教示

言葉や絵を使って、やり方を伝える。口頭での説明だけでなく、ワークシートや絵カードを使って、理解しやすくする。

↓

モデリング(模範)

実際にやって、手本を見せる。よい例を見せるだけでなく悪い例も見せて、違いについて子ども自身に考えてもらうようにするのもよい。

↓

リハーサル

子ども自身が実践的に練習をする。ロールプレイやゲームなどで、楽しく、遊び感覚でできるとよい。

↓

フィードバック

できているところとできていないところを評価する。その場で、すぐに、具体的に行うことが大切。できているところをほめ、「次はステップアップだね」と伝えてから改善すべきポイントを具体的にアドバイスするようにすると、意欲が継続しやすい。

↓

般化

学んだスキルがどんなときに使えるか、具体的にイメージを挙げてもらって練習したり、日常生活のなかで継続的にトレーニングに取り組んだりする。

Voice

トレーニングのときだけでなく、トレーニングで練習したことが日常生活でもできていたら、きちんとほめるようにしています。ただ、毎回必ずその場面に立ち会えるわけではないので、帰りの会のときに「今日見かけた友だちのいいところ」を発表し合う時間をつくるようにしました。

子どもたちは、ほめられたくてトレーニングしたこと以外でもよい行動を心がけるようになりましたし、発表したくて、友だちのよいところをたくさん見つけられるようになりました。私が知らない友だちのよいところをみんなよく知っているので、私もみんなのことをたくさん知ることができて、一石三鳥です。

具体的な言葉を使う

やり方を伝えるときは、具体的に指示を出します。例えば、「一列に並びましょう」と言うのではなく、「最後の人の後ろに並びましょう」と、どこにどのように並ぶかを具体的に指示します。また、一度にたくさんのことを指示するのではなく、内容を絞って伝えることも大切です。

絵カードを利用する

言葉だけでは理解するのが難しい子どももいます。そのような子どもには、併せて絵カードやイラストなどを使います。

指示の流れやルールを示しておく

ワーキングメモリが十分に働かず、指示を記憶することが難しい子どももいます。指示の内容や作業の一連の流れを、ワークシートなどに記載しておくと、わからなくなったときに自分で確認できます。

授業中は勝手に出歩かない、教師が話しているときは静かに聞くなどの暗黙のルールがわかっていない子どももいます。ルールも一つひとつ教えたうえで、目につくところに示しておくとよいでしょう。

モデリング（模範）のポイント

言葉で説明した後、実際に手本を示すのがモデリングです。手本を示すのは、教師だけではありません。うまくできている友だちをモデルとして見せるのもよいでしょう。

また、モデリングでは、よい例だけを示すわけではありません。悪い例を示し、どこが悪いかを子どもに気づかせることもあります。あいさつならば、きちんとしたおじぎと、そっぽをむいたおじぎをやって見せ、どこがどのように違うか、どちらがよいか、悪いほうはどこを直せばよいかなど、課題を出しながら考えさせます。自分で考えたことは記憶に残りやすく、また実際の生活でも応用しやすくなります。

悪い例を示すときは多少の違いでは気づけないことがあるので、しぐさはできるだけ単純に、オーバーにやりましょう。ただ、不適切な例を子どもたちがおもしろがってまねすることもあるので、例は慎重に検討し、必ず最後にはよい例を示すようにします。

リハーサルのポイント

教示やモデリングで示されたことを繰り返し練習するのがリハーサルです。頭で理解していても、単に聞いたり見たりしただけでは、実際の場面では同じようにはできません。リハーサルではロールプレイやゲームを通じて実践的に練習します。

ロールプレイではモデリングで示したよい例を、役割を分担して模擬的に行います。例をまねて練習するため、取り組みやすいという利点がありますが、実際の場面ではロールプレイと同じ状況はなかなかないため、応用しにくいという欠点もあります。

ゲームは、みんなが楽しく取り組めるほか、いろいろな場面や状況が生まれるので、一人ひとりが考えながら取り組む

ソーシャルスキルトレーニングの5つのステップ①

教示とモデリングでは、言葉や絵、見本を見せながら、やり方を教えていきます。ただ見せるだけでなく、子どもが参加できるように、質問を投げかけながら進めるとよいでしょう。やり方が理解できたら、リハーサルで実践してみます。実践は、教師と一緒にやるのもよいですし、友だちとやってみるのもよいでしょう。

教示

↓

モデリング

↓

リハーサル

↓

ことになり、より実践的に練習することができます。またゲームには、①ルールを守る、②予測できないことに対処する、③負けを受け入れる、④周囲の状況をみるなどのソーシャルスキルの要素を多く含んでおり、いくつかのソーシャルスキルを同時に学ぶことができます。一方で、応用力が求められる、見通しが立てづらい、勝敗があるゲームは負けをいやがる子が取り組みにくい、という欠点もあります。先にルールをしっかりと示しておく、ゲームのロールプレイを行って、慣れてから本当のゲームに入るなどの工夫をするとよいでしょう。

フィードバックのポイント

子どもは、自分の行動を周りの大人などに評価してもらってはじめて、物事の善し悪しを判断できるようになります。ソーシャルスキルトレーニングでも、単に繰り返し練習するのではなく、評価をしながら進めることが大切です。この評価を「フィードバック」といいます。

フィードバックでは、ほめたり、「ここをこうしよう」などと指導をしたりします。教示のときと同じように、具体的にほめたり指導したりすることが大切です。「すごいね」「よくできたね」ではなく、「今すぐ使いたい気持ちを我慢できたね。いいね」「お友だちに『貸して』って言えたね。すごくいいよ。次はステップアップです。友だちの顔を見て言えるかな」と、よい点も改善点も具体的に伝えるようにしましょう。うまくできなかったときも、「○○してはダメ」といった否定的な表現は、とるべき行動が具体的にわからないだけでなく、取り組む意欲を失わせてしまうので避けます。具体的な指示を、肯定的に伝えるようにします。

教師が評価するだけでなく、「どうだったかな?」と自己評価を促すことも大切です。子ども自身が振り返ることで、記憶に残りやすく、定着しやすくなりますし、自分自身を振り返る習慣や自己認知のスキルも身につけられます。

般化のポイント

ソーシャルスキルトレーニングの時間にできていても、日常生活のなかでできなければ、スキルが身についたとはいえません。日常の必要な場面で、適切なソーシャルスキルを使えるようにすることを「般化」といいます。

般化のためには、日常のシチュエーションをできるだけ具体的にイメージすることと、繰り返し練習することが必要です。ソーシャルスキルトレーニングの最後には、その日に学んだことが日常のどういった場面で使えるかを、具体的に考える時間を設けるとよいでしょう。

また、ソーシャルスキルを学べるのはトレーニングの時間だけではありません。園や学校、家庭などさまざまな場所で学ぶ場面があります。周りの教師や保護者の協力も得て、いろいろなところでトレーニングができるようにします。そのために、トレーニングの内容や方法、ト

ソーシャルスキルトレーニングの5つのステップ②

実践したら、必ずフィードバックで評価を行います。フィードバックのコツは、よいところ、できていないところを具体的に伝えること。やり方が理解できていない、あるいは忘れてしまっていると思われるところがあれば前のステップに戻って、もう一度確認しましょう。子どもの理解度に合わせて進めることが大切です。また、日常生活に学んだスキルを生かせるよう、般化することも大切です。子ども自身にこれまでに遭遇した似たような場面などを考えてもらうとよいでしょう。

フィードバック

般化

レーニング時の子どもの様子などをできるだけ周囲の大人と共有します。よくできている場面があれば、積極的にほめてもらうようにしましょう。学んだことを日常のなかで実践してほめられると、子どもはよりいっそう自信をもつことができますし、ソーシャルスキルトレーニングの時間もさらに意欲的に取り組めるようになります。

準備編

ソーシャルスキルトレーニングの準備

効果的なソーシャルスキルトレーニングを行うためには、環境も大事なポイントになります。集中しやすく、学びやすい環境を整えます。

集中できる環境づくり

ソーシャルスキルトレーニングを効果的に行うためには環境づくりも大切です。気になる行動が見られる子どものなかには、衝動的に行動してしまい、授業中に立ち歩いてしまったり、おしゃべりを始めてしまったりする子どもがいます。また、見通しが立てられない子や、ワーキングメモリがうまく働かず、ルールなどを覚えるのが苦手な子もいます。そうした子どももソーシャルスキルトレーニングに参加できるようにするために、環境を整える必要があります。

多くの子どもにとって、活動に関係のないものは集中の妨げになります。したがって、教室にはその時の活動と関係のないものは置かず、目に入らないところに片づけることが大切です。これは、ソーシャルスキルトレーニングを行うときに限らず、すべての活動に共通することです。

とくに、黒板やホワイトボードの周辺は、子どもたちがよく目にする場所なので、整理しておくようにします。また、ほかの活動で使用するものなどは、教室の棚や箱の中にしまい、さらに扉やカーテン、ふたなどで目に入らないように工夫をします。

自分で確認できる環境づくり

見通しが立たないことが不安で、活動に取り組めなかったり、集中できなかったりする子どももいます。一日の流れやその授業の内容をあらかじめ示しておくようにしましょう。

黒板の決まった位置に、やることを大きく貼りだしておくと、次に何をすればいいかわからないときや不安になったときに、子どもが自分自身で確認することができます。授業の内容や手順だけでなく、その授業のねらいや目標、ポイントなども示しておくと、より内容がわかりやすくなって、子どもは安心して取り組むことができます。

園や学校で、みんなで一斉に活動したり、一緒に過ごしたりするためには、「勝手におしゃべりをしない」「手を挙げてから発言する」「乱暴な言葉を使わない」などのルールが必要です。クラス独自の

教室の環境づくり

指導を行う場所には、①教室②プレイルーム③個別のスペースなどがあります。ソーシャルスキルトレーニングの内容や参加する人数などによって適切な場所を選びましょう。とくに教室は勉強したり、遊んだり、教師の話を聞いたりして、一日の多くの時間を過ごす場所です。集中でき、子どもが見通しを立てやすい環境を整えることが大切です。

教室

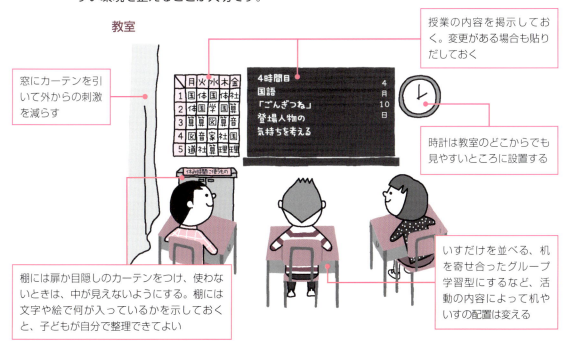

授業の内容を掲示しておく。変更がある場合も貼りだしておく

窓にカーテンを引いて外からの刺激を減らす

時計は教室のどこからでも見やすいところに設置する

棚には扉か目隠しのカーテンをつけ、使わないときは、中が見えないようにする。棚には文字や絵で何が入っているかを示しておくと、子どもが自分で整理できてよい

いすだけを並べる、机を寄せ合ったグループ学習型にするなど、活動の内容によって机やいすの配置は変える

教室の掲示物

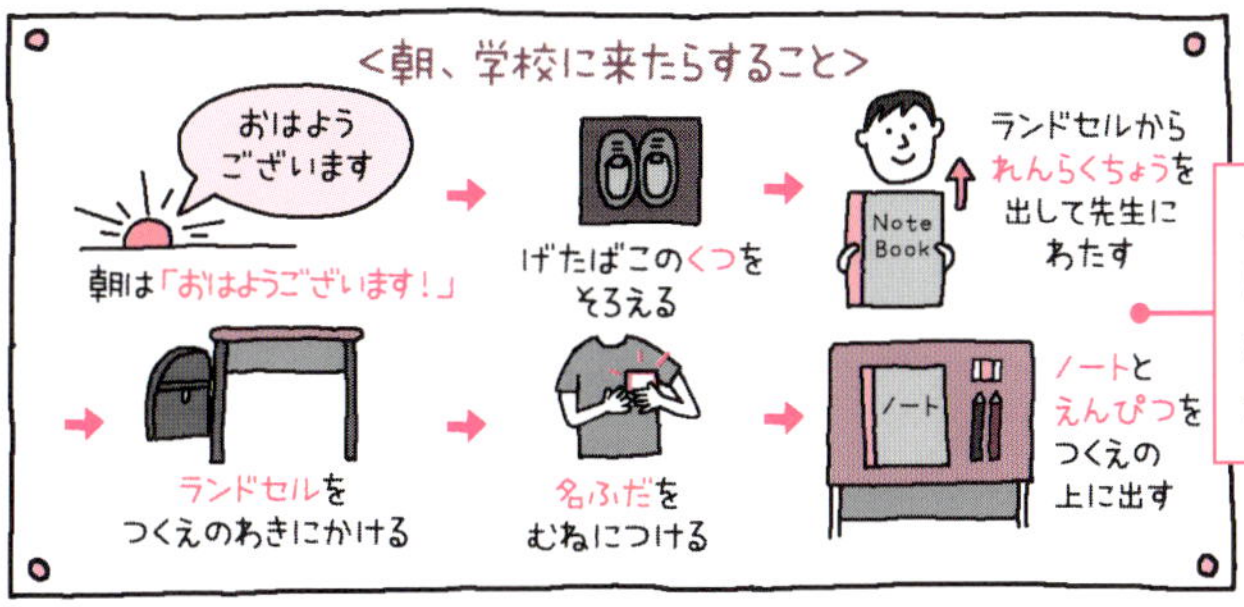

見通しが立ちやすいように、活動の手順を示しておく。カラフルにしすぎないことも大切

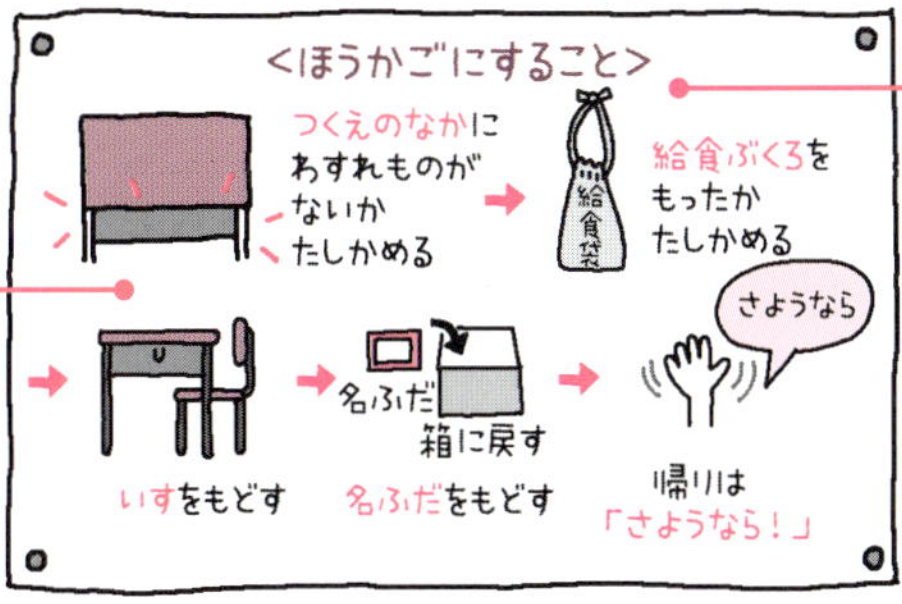

指示は否定的な表現ではなく、「△△する」「△△しましょう」と具体的にやり方を示す

言葉やイラストで、目で見てわかる掲示物にし、子どもが見やすい高さに落ちないようしっかりと貼る

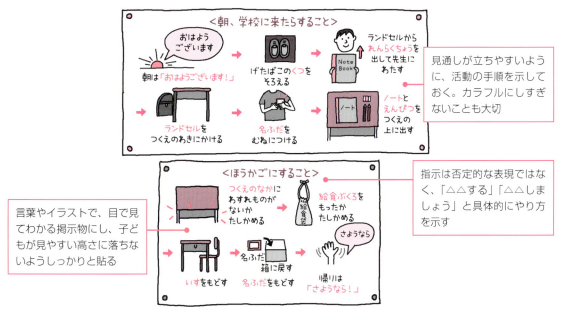

ルールや、活動ごとに決められたルールもあるでしょう。しかし、ワーキングメモリが十分に機能せず、これらのルールが覚えられない子どもがいます。人とかかわるうえでの暗黙のルールが身についていない子どももいます。決まったルールについては、あらかじめみんなで一つひとつ確認しておきましょう。慣れるまでは、活動の始めに必ず確認するようにするのもよいでしょう。

何度でも自分で確認できるように、こうしたルールも掲示などで示しておきましょう。掲示しておくことで、子どもが自分で確認ができ、ルールを破りそうになっても、自分で抑えることができます。

子どもがルールを破りそうなときは、教師が掲示を指し示して、さりげなく注意を促《うなが》しましょう。こうすることで活動中に注意したり怒ったりすることを減らすことができるため、活動を中断することなく、楽しい雰囲気のまま行うことができます。教師自身の負担を減らすことにもつながります。

セルフコントロールを促す環境づくり

感覚過敏がある子どもや、感情を抑えることが苦手な子どもたちがいます。そのような子は、一度気持ちが不安定になると、落ち着くまでに時間がかかったり、ひとりにならないと落ち着かなかったりすることがあります。ひとりになれる場所、落ち着ける場所を教室の中か、近くに用意しましょう。

教室の中につくる場合は、パーテーションや段ボールなどで囲ってスペースをつくります。それらを使用する際のルールも、クラス全体で確認しておきます。

教室の中にスペースをつくるのが難しいときは、教室からあまり離れていないところにスペースを決めておきます。そこに行きたいときは教師に伝えて、許可をもらってから行くこと、落ち着いたら自分でクラスに戻ることなど、ルールを決めて、伝えておきます。周りの教師に周知しておくことも大切です。

伝え方の工夫

理解しやすい伝え方も大切です。口頭で説明するだけでなく、文字や絵も使って説明したほうが理解しやすいものです。黒板に書いたり、貼りだしたりするだけでなく、ワークシートを配るなどの配慮もします。

掲示物は文字と絵を効果的に使うとよいでしょう。子どもたちそれぞれの経験や知識にたよることなく、全員が見てすぐに理解できる掲示物を目指します。

また、抽象的な言葉ではなく、具体的にやり方を示すようにします。「○○してはいけません」など、やらないことを書くのではなく、「△△しましょう」とやるべきことを書くようにします。

日々の指導でも伝え方を工夫することが大切です。教師や友だちと一緒に行う、またはまねをするところから始めてみるのもよい方法です。できるようになったら、ひとりで挑戦できるように支援します。

プレイルームや個別スペースの環境づくり

プレイルームは大人数での活動や、からだを動かす活動に役立ちます。のびのびと活動でき、自分でルールを確認できるような環境をつくります。動き回る活動が多くなるので、安全にも配慮が必要です。個別スペースは使用する際のルールをしっかりと決めることが大切です。

プレイルーム

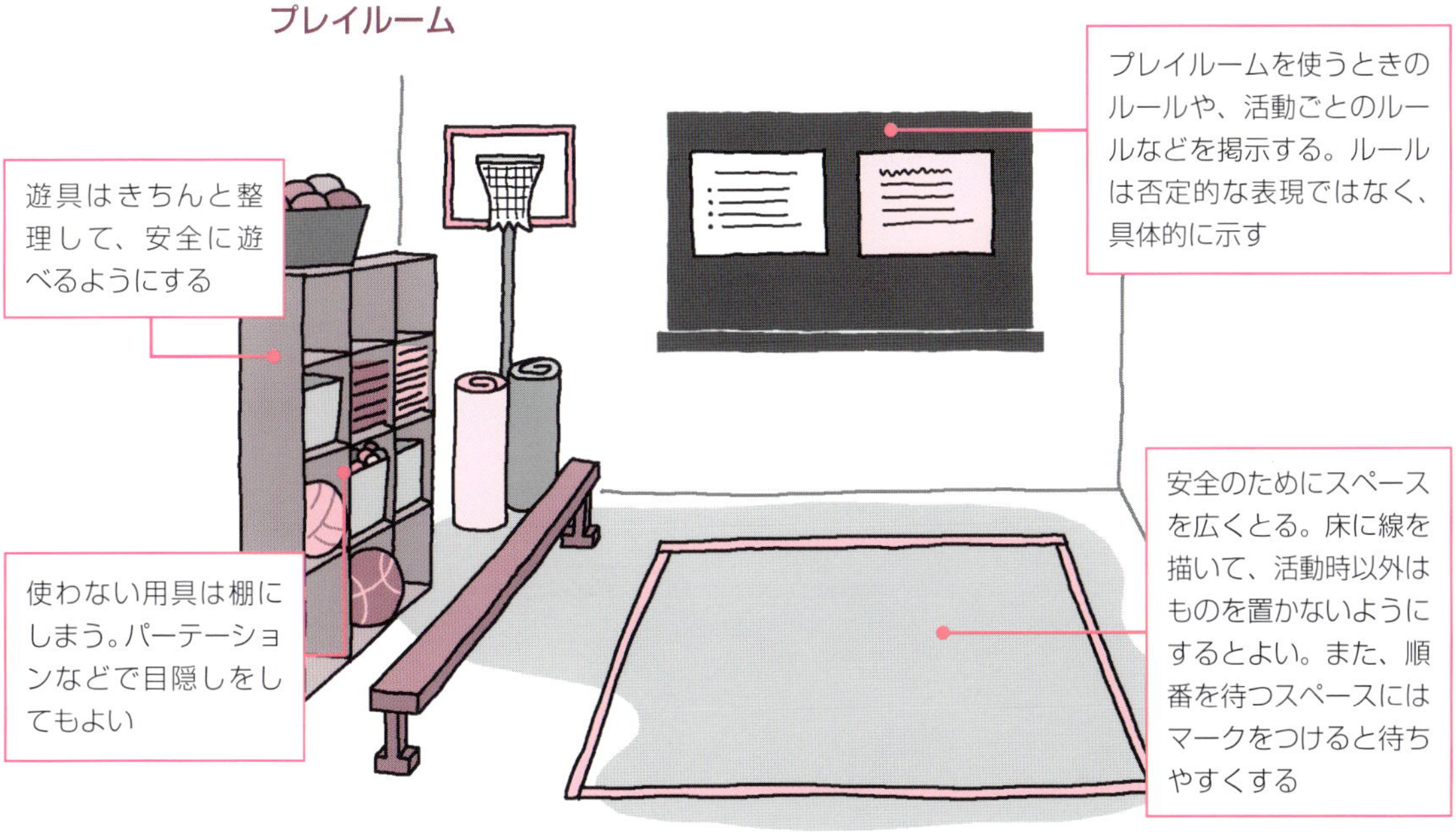
遊具はきちんと整理して、安全に遊べるようにする
使わない用具は棚にしまう。パーテーションなどで目隠しをしてもよい
プレイルームを使うときのルールや、活動ごとのルールなどを掲示する。ルールは否定的な表現ではなく、具体的に示す
安全のためにスペースを広くとる。床に線を描いて、活動時以外はものを置かないようにするとよい。また、順番を待つスペースにはマークをつけると待ちやすくする

個別スペース

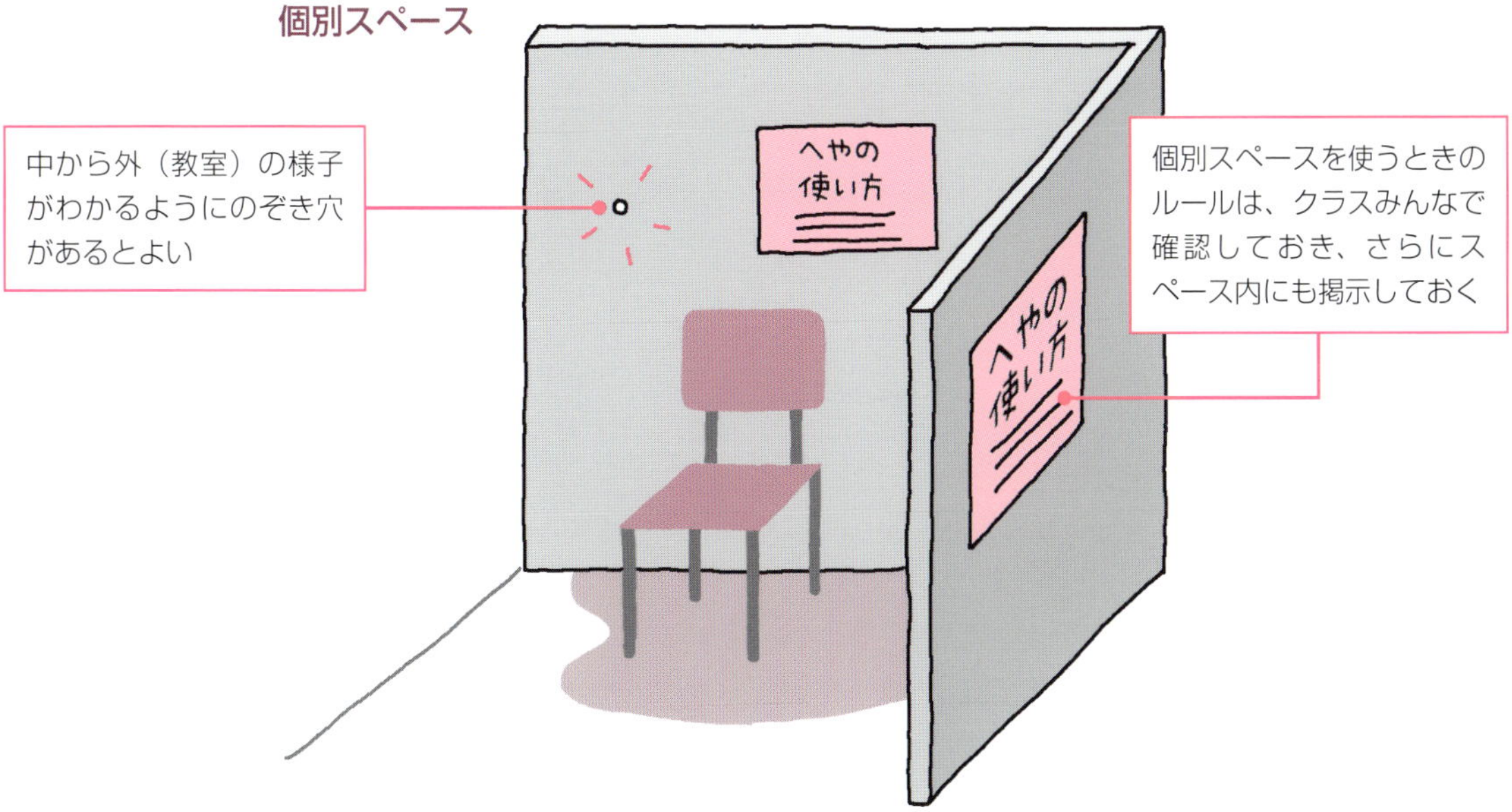
中から外（教室）の様子がわかるようにのぞき穴があるとよい
へやの
使い方
へやの
使い方
個別スペースを使うときのルールは、クラスみんなで確認しておき、さらにスペース内にも掲示しておく

準備編

指導者が気をつけること

ソーシャルスキルトレーニングを行うとき、指導者は、子どもの意欲を引きだし、あせらず長期的な視点で子どもを見ることが求められます。

子どもの意欲を引きだす

ソーシャルスキルトレーニングを効果的に行うためには、子ども自身が意欲的に取り組むことがとても大切です。そのためには、動機づけが重要になります。

動機づけのためには、子ども自身が苦手や困難に感じていることを克服したいと強く思うことも大切ですが、幼児や小さい子どもは、自分が何が苦手なのかを自覚していないこともよくあります。教師が子どもの苦手なことや困難に感じることを注意したり怒ったりして、自覚させることもありますが、自己肯定感が十分に育っていないと、「自分が悪いんだ」「誰も自分のことをわかってくれない」などと感じてしまい、二次障害につながりかねません。

できたところをしっかりほめること、できなかったとしても、チャレンジしたことそのものをほめることが大切です。子どもはほめられることで、「ここまでできた」「できなかったことができるようになった」と実感することができます。そしてこの経験の積み重ねが自信になるのです。すると、できなかったことも「もう一回やってみよう」「次はできるかもしれない」と思えるようになり、次へ挑戦する意欲になるのです。

子どもの進度に沿ってスモールステップで行う

一度にたくさんのことをやらせようとしても、できるようにはなりません。トレーニングのときはできても、スキルが定着せず、日常生活では使えないこともあります。スモールステップに分けて、できることから一つひとつ行うのが、着実にソーシャルスキルを身につけるコツです。

一度できるようになっても、時間が経つと忘れてしまったり、できない場面が出てきたりすることもあるでしょう。そうした場合には、もう一度そのソーシャルスキルに戻ってトレーニングをしたり、いろいろな場面を想定してトレーニングを繰り返したりします。トレーニングの内容は、子どもの進度や定着具合に合わせて、適宜見直しながら行うことが大切です。

子どもの気持ちを受け止める

子どもは、自分がイライラしていたり、困ったりしていても、理由がわからなかったり、言葉でうまく表現できないことがあります。子どもが暴力を振るったり、乱暴な言葉を使ったりしたときは、子どもなりのＳＯＳを出しているのかもしれません。

教師は単にしかるのではなく、「何がしたかったの？」「○○だったのかな？」と、行動の原因を探りましょう。原因がわかったら、「どうしても○○したかったんだね」と、いったんその子の気持ちを受け止め、そのうえで、「でも、みんな同じ気持ちなんだよ」「ルールだから守らなければいけないね」と、とった行動がいけなかったことを、理由や悪かった点と併せて説明します。そして、「どうすればよかったかな」と一緒に解決策を考えるようにしましょう。

教師が気持ちを代弁したり、一緒に考

子どもの意欲を引きだす

ソーシャルスキルトレーニングでは子どもの意欲を引きだすことがとても大切です。意欲を引きだすためには、楽しくトレーニングを行うことと、できたことをしっかりほめて、認めることが大切です。これらのことが、教師と子どもの信頼関係をつくります。また、ごほうびシールを活用するなど、成果が目で見てわかる工夫をするのも、意欲につながります。

えたりすることで、「わかってもらえた」「自分のことを考えてくれている」と感じることができ、その積み重ねが信頼関係に結びつきます。

柔軟に考える

独特のこだわりやマイルールがあって、それ以外のやり方をすぐに受け入れられない子どもがいます。それが人とかかわるときに必ず守らなければいけないルールである場合や、そのこだわりによって周りに迷惑をかけてしまう場合については、全体のルールに合わせられるように指導をします。そうでない場合は、その子のやり方をすべて否定するのではなく、ある程度のこだわりやマイルールは認めてあげるようにしましょう。

人とのかかわりは、相互の関係で成り立っています。その子も周りの子も気持ちよく過ごせるルールややり方をみつけて、柔軟に対応するようにしましょう。

教師の指示を理解するのに時間がかかり、周りを見ながら行動する子どももいます。周りの状況に合わせて行動できることはよいことなので、とくに問題視する必要はないでしょう。周りの状況を見ながら行動しつつ、自分でも指示を聞いて行動する努力を促すようにします。

ただし、そのために全体の進行がとても遅れてしまう、周りの子どもがいやがるという場合は、指示の出し方やタイミングを工夫するなど、適切な支援を考えるようにしましょう。

クラスの力を借りる

園や学校でソーシャルスキルトレーニングを行う利点は、日常生活の場面に近い状態で行えることです。子どもの仲のよい友だちに協力してもらうことで、より楽しく取り組めたり、より実践的に練習ができることもポイントです。

ただし、その子どもと周りの子どもの人間関係が悪化しているときや、悪化しそうなときは、まずは個別のソーシャル

用語解説

【二次障害】

発達障害などがある子どもの多くは、知的障害がないためにかえって周囲から理解されにくく、否定的な評価をされたり、怒られたりすることが多くなりがちです。そうした経験が重なると、自分自身を否定したり、自尊心をもてなくなったりして、自己肯定感を育みにくくなります。すると、気持ちが不安定になったり、反抗的な行動をとったりするようになり、これを二次障害と呼びます。

二次障害は反抗、暴力、反社会的な行動など、行動面に現れる子どももいますし、うつ症状や対人恐怖、引きこもりなど、情緒に現れる子どももいます。

二次障害を防ぐためには、子ども一人ひとりをしっかりと見て、子どものニーズや個性を把握し、できることを伸ばすこと、そして、ルールをきちんと教え、周りと適切な関係が築けるようにソーシャルスキルトレーニングで支援していくことが大切です。

スキルトレーニングを行います。このときに集団でソーシャルスキルトレーニングを行うと、混乱が生じることがあるので、慎重に取り組まなければいけません。

クラスで特別扱いしない

ほめることは大切ですが、特定の子どもだけをほめるようなことは避けましょう。子どもたちはみな教師にほめられたいものです。特定の子どもだけが注目されていると、子ども同士の関係がうまくいかなくなることもあります。

いつも同じ子どもを注意することも避けましょう。子どもは教師の態度を見て学んでいます。周りの子どもが「○○ちゃんはいつも注意されている」と認識することで、教師と同じように注意し始めたり、いじめにつながったりすることもあります。互いによいところを認め合い、できないこと、苦手なことは助け合えるクラスづくりを心がけましょう。

スモールステップに分けて行う

一度にたくさんのことをやるのではなく、小さなステップに分けて一つひとつクリアしていくことが大切です。目標を立てるときには、長期目標と短期目標の両方を立てます。また、目標が達成されなくても焦らず、子どもの理解度に合わせて、適宜見直していきましょう。

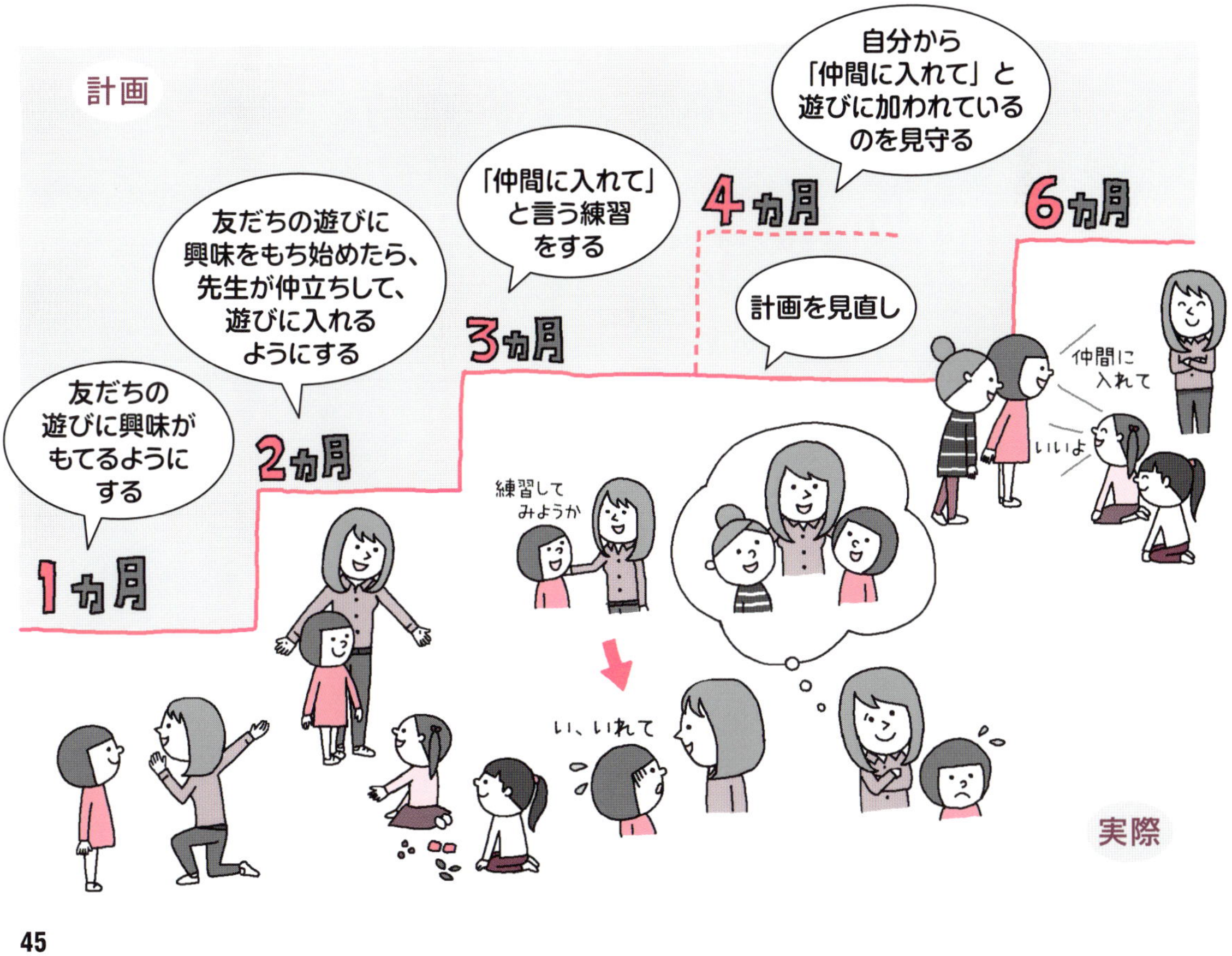

完璧を目指す必要はない

年齢にかかわらず、誰にでも得手・不得手があります。人はみな完璧ではなく、得意なことや好きなことを生かし、苦手なことは努力したり、周りの人に助けてもらったりしながら社会に参加しています。

ソーシャルスキルトレーニングで大切なことは、完璧にできることではなく、自分の特性を理解し、周りと協力し合いながら自分らしく生きられるようなスタイルをみつけていくことです。

指導を行う際には、その子に合った人や社会とのかかわり方をみつけられるように支援しましょう。その子どもがもっているよい面を伸ばして自信をつけ、できないことは周りの力も借りながら、学んでいけるようにすることが大切です。

教師自身も振り返りを

子どもは一人ひとり違っていて、同じ指導をしても反応はさまざまです。同じ子どもでも、タイミングによって、できたりできなかったりすることもあります。

ソーシャルスキルトレーニングやそのほかの指導がうまくいかなかったときは、同じ指導を何度も繰り返すのではなく、やり方がその子に合っているか、振り返りながら、よい方法を模索しましょう。できなかったときは、どうしたらできるかを考えながら進めるようにします。

教師自身も完璧ではありません。指導していれば、つい熱くなってしまうこともあるでしょう。教師自身が自分の気持ちをコントロールする方法やストレスをうまく処理する方法を身につけておくことは、よい指導につながります。

また、客観的に自分自身をみつめ直す時間をつくったり、同僚や先輩の教師、スクールカウンセラーなどに相談したりすることも大切です。子どもの指導に正解はありません。いろいろな意見を取り入れながら、よりよい方法を模索していきましょう。

Voice

グループをつくってトレーニングを行うときは、人員構成にも気をつけています。

一学期のうちは、できるだけ仲のよい友だち同士でグループをつくるようにして、まずはみんなで楽しく活動できるようにしています。秋ごろになってクラスがまとまり、友だちの個性や性格がわかってきたら、あえて性格の違う子ども同士、これまでにあまり話す機会がなかった子ども同士で組ませることもあります。

一学期から少しずつソーシャルスキルトレーニングに取り組んで、スムーズに笑顔でかかわれるようになった子どもたちを見るときが、成長が感じられて、うれしい瞬間です。

Part

3

ソーシャルスキルトレーニング実例集

本書ではソーシャルスキルを「言葉」「気持ち」「行動」「自己認知」の４つに分け、さらに「自分」「相手」「相互」の３種類に分けて、トレーニングを紹介しています。必要なトレーニングを取り入れ、子どものスキルアップをめざしましょう。

子どもの「困った!」から引けるトレーニング検索

コミュニケーション

事例	考えられる要因	トレーニング	参照頁
場面に合わせた適切なあいさつや言葉かけができない	あいさつをする習慣がない、あいさつを返さなくてはならないことを知らない	サインであいさつ	P55
		「おはよう」競争	P56
	言葉の使い方がわからない	教えて! なぞなぞゲーム	P83
		どっちがうれしい?	P85
		言葉にあった表情はどれ?	P170
	人への関心が低く、相手に注目できていない	お顔を見てみよう	P119
		お願いしてみよう	P120
	想像力が乏しく、相手の表情から気持ちを読み取れない	いろいろな顔を鏡で見よう	P110
		言葉かけカルタ	P111
	相手の要求に答える意欲がない	励ましてあげよう	P116
	自信がなく、友だちと話すのが苦手	ドキドキ! ばくだんリレー	P57
		自分インタビュー	P156
謝らない、ありがとうを言えない	あいさつの言葉や使い方を知らない	いろいろな「ありがとう」	P58
	言葉の使い方がわからない	どっちがうれしい?	P85
	人への関心が低く、相手に注目できていない	お顔を見てみよう	P119
		お願いしてみよう	P120
	感情や衝動を抑えられず、自分が悪いことに気づけない	ここで深呼吸	P93
		リラックスのお守りとおまじない	P94
謝らない、ありがとうを言えない	感情や衝動を抑えられず、自分が悪いことに気づけない	けんかした子のよいところは?	P164
	自分だけが正しいと思い込んでいる	みんなどう思っているかな?	P168
人の話を聞けない	注意力が散漫で、集中するのが苦手	旗上げゲーム	P68
		キーワードクイズ	P69
	話したい欲求を抑えることができない	タイマーが鳴るまで我慢	P92
	内容がわからなくなって、飽きてしまう	質問をつくろう	P79
		どんな話かな?	P81
	話しかけられていることに気づかない	指名あいさつゲーム	P122
おしゃべりがやめられない、一方的に話してしまう	会話するときのルールがわかっていない	会話のキャッチボール	P71
	相手の表情や反応を見ていない	言葉かけカルタ	P111
	おしゃべりしたい気持ちを抑えることができない	タイマーが鳴るまで我慢	P92
	場面に合わせて行動する必要性がわかっていない	忍者タイム	P137
	周囲の状況を見ていない	上手にまねっこ	P138
発言したり、質問に答えたりするのが苦手	語彙が少ない	言葉探しゲーム	P62
		言葉カルタ	P63
		続きを言ってみよう	P74
	質問を聞いていない	買うものは何かな?	P73
		正しいのはどれ?	P75

事例	考えられる要因	トレーニング	参照頁
発言したり、質問に答えたりするのが苦手	質問を聞いていない	質問は何かな?	P76
	質問の意味が理解できていない	質問をつくろう	P79
		どんな話かな?	P81
	自分の考えをまとめられない	連想ゲーム	P77
	相手の要求に答える意欲がない	遊びの取り換えっこ	P97
		店員さんごっこ	P123
	意見を言うのが恥ずかしい、緊張して言えない	意見交換をしよう	P65
指名されていないのに答えてしまう	話したい衝動を抑えられない	会話のキャッチボール	P71
		ここで深呼吸	P93
	答えるタイミングがわからない	指名あいさつゲーム	P122
	ルールの内容が理解できていない	忍者タイム	P137
	周囲の状況を見ていない	上手にまねっこ	P138
	適切な状況かどうか判断することが難しい	あの人だったらどうする?	P139
集団での話し合いが難しい	自分の意見を言ったり、要求を伝えたりするのが苦手	言葉カルタ	P63
		虫食い作文	P64
	自信がなく、意見を言うのが恥ずかしい	選んでみよう	P61
		意見交換をしよう	P65
	会話をするときのルールがわかっていない	会話のキャッチボール	P71
	役割交代ができない	風船バレー	P125
適切な声量で話せない	感覚鈍麻があり力加減がわからない	大きな声・小さな声	P87
	興奮して、声が大きくなってしまう	ここで深呼吸	P93

事例	考えられる要因	トレーニング	参照頁
適切な声量で話せない	興奮して、声が大きくなってしまう	いやな気持ちは袋に捨てよう	P107
		どうしたかったのかな?	P159
	周りの状況を理解できていない	上手にまねっこ	P138
	相手を意識していない	後ろにいるのはだあれ?	P121
	話すことに抵抗があったり、緊張したりする	虫食い作文	P64
		意見交換をしよう	P65
		私のプロフィール	P149
友だちがいやがることを言う	人の表情や言葉に関心がない	気持ち絵カード	P109
	語彙が少ない、よい言葉と悪い言葉がわからない	ふわっと言葉・ちくちく言葉	P86
	感情や衝動を抑えられず、思ったことをそのまま言ってしまう	鏡を見てみよう	P89
		それはいじわるだよ	P157
	気持ちを切り替えることが難しい	大移動ゲーム	P99
	想像力が乏しく、相手の気持ちを読み取れない	多数決ゲーム	P117
	自分のしたことの結果を見る前に、次のことに気持ちが移ってしまう	後ろはどうかな?	P153
友だちとのかかわりが少ない、みんなで一緒に遊ぶのが苦手	友だちと話すのが苦手	いいところをみつけよう!	P88
	恥ずかしくてあいさつや言葉かけができない	サインであいさつ	P55
		グループづくり	P59
	人への関心が低く、相手に注目できていない	お顔を見てみよう	P119
		お願いしてみよう	P120
	感覚鈍麻があり力加減がわからない	大きな声・小さな声	P87
		力加減を調べよう	P114

コミュニケーション

事例	考えられる要因	トレーニング	参照頁
友だちとのかかわりが少ない、みんなで一緒に遊ぶのが苦手	相手の遊びや話に興味をもって自分の行動を合わせていくことが難しい	遊びの取り換えっこ	P97
	他人に興味がない	触れ合い遊び	P113
うそをつく	注目されたい	うれしい言葉	P147
	勝ちや一番へのこだわりが強い	なぜ一番でないといけないの？	P151

事例	考えられる要因	トレーニング	参照頁
敬語が使えない	暗黙のルールがわかっていない	目上の人と話すときは？	P129
		あの人だったらどうする？	P139
	注目されたい	短所は長所	P150

セルフコントロール

事例	考えられる要因	トレーニング	参照頁
指示が理解できない、従えない	語彙が少なく、指示の内容が理解できていない	言葉カルタ	P63
		連想ゲーム	P77
	注意力が散漫で、集中するのが苦手	旗上げゲーム	P68
	集中して指示を聞くことが難しい	たくさん言えるかな？	P70
	指示に従わなくてはならないことがわかっていない	忍者タイム	P137
	指示が自分に向けられていることに気づかない	指名あいさつゲーム	P122
	ワーキングメモリーがうまく働かず、指示を覚えておくことが難しい	買うものは何かな？	P73
思い通りにならないと怒る	感情や衝動を抑える方法を知らない	ここで深呼吸	P93
		リラックスのお守りとおまじない	P94
	相手と自分が違うことがよくわかっていない	パーソナルスペース	P103
		これは許せる？	P104

事例	考えられる要因	トレーニング	参照頁
思い通りにならないと怒る	こだわりが強く、ほかのものを受け入れられない	よいことと正しいこと	P165
衝動的に行動してしまう	今やりたい気持ちを抑えられない	3つだけやってみよう	P91
	場面に合わせて行動する必要性がわかっていない	タイマーが鳴るまで我慢	P92
	自分の意見を言葉で伝えられない	断ってみよう	P106
	周りが見えていない	上手にまねっこ	P138
	自分のしたことの結果を見る前に、次のことに気持ちが移ってしまう	後ろはどうかな？	P153
	考える前に行動してしまう	困るのは誰かな？	P135
友だちのものを取ってしまう	自分の欲求を言葉で伝えられない	ドキドキ！ばくだんリレー	P57
		教えて！　なぞなぞゲーム	P83
		断ってみよう	P106
	見通しを立てられない、目先のことにしか注目できない	この後どうなる？	P133

事例	考えられる要因	トレーニング	参照頁
友だちのものを取ってしまう	友だちの存在を意識していない	お願いしてみよう	P120
暴力を振るう	自分の意見や要求を言葉で伝えられず、暴力を振るってしまう	こおり鬼	P82
		断ってみよう	P106
	自分の主張が通らないと気が済まない	自分の気持ちを振り返ろう	P95
		これは許せる?	P104
	冗談を真に受けて怒っている	断ってみよう	P106
	イライラした気持ちに気づいていない	どうしたかったのかな?	P159
	感情や衝動を抑える方法を知らない	ここで深呼吸	P93
		リラックスのお守りとおまじない	P94
	感覚鈍麻があり力加減がわからない	力加減を調べよう	P114
	相手が傷ついていることがわからない	どんな顔をしているかな?	P167
相手がいやがることをする	想像力が乏しく、相手の表情から気持ちを読み取れない	気持ち絵カード	P109
		いろいろな顔を鏡で見よう	P110
	人の表情や言葉に関心がない	言葉かけカルタ	P111
	想像力が乏しく、相手の気持ちがわからない	みんな同じに見えている?	P115
		多数決ゲーム	P117
	相手の要求に答える意欲がない	励ましてあげよう	P116
	相手が傷ついていることがわからない	どんな顔をしているかな?	P167
度が過ぎたいたずらをする	感覚鈍麻があり力加減がわからない	力加減を調べよう	P114
	注目されたい	うれしい言葉	P147
	感情や衝動を抑える方法を知らない	リラックスのお守りとおまじない	P94
度が過ぎたいたずらをする	結果を意識できない	この後どうなる?	P133
すぐに泣く	自分の意見や要求を言葉で伝えたりするのが苦手	選んでみよう	P61
		断ってみよう	P106
	指示や周りの状況に合わせて気持ちや行動を切り替えられない	何度もできるいす取りゲーム	P100
	苦手な課題から逃れようとしている	苦手について考えよう	P160
	こだわりが強く、ほかのものを受け入れられない	謝ったら許してあげよう	P105
相手が謝っても許せない	自分が正しいと思い込んでいる	みんなどう思っているかな?	P168
		気持ちをはかってみよう	P169
負けが受け入れられない、できないことが許せない	勝ちや1番へのこだわりが強い	短所は長所	P150
		なぜ1番でないといけないの?	P151
	人と競争した経験が少ない	何度もできるいす取りゲーム	P100
	こだわりが強い	けんかした子のよいところは?	P164
	完璧でなければいけないという思い込みがある	目標を立ててみよう	P155
		どうしたらできる?	P161
		協力してやってみよう	P163
	相手を認められない	いいところをみつけよう!	P88
		あなたはどっち?	P148
		よいことと正しいこと	P165
新しいことに対応できない、変更をいやがる	興味のある範囲が限られている	遊びの取り換えっこ	P97
	新しいものに不安を感じる	協力してやってみよう	P163
	指示や周りの状況に合わせて気持ちや行動を切り替えられない	リズムに合わせて動こう	P98

セルフコントロール

事例	考えられる要因	トレーニング	参照頁
新しいことに対応できない、変更をいやがる	指示や周りの状況に合わせて気持ちや行動を切り替えられない	大移動ゲーム	P99
	見通しを立てられない、目先のことにしか注目できない	平均台じゃんけん	P132
		この後どうなる？	P133
	こだわりが強く、ほかのものを受け入れられない	謝ったら許してあげよう	P105
	自分の気持ちを抑えられずに優先してしまう	風船バレー	P125
		整理券、あなたは何番？	P127
特定の遊びややり方にこだわる	こだわりが強く、ほかのものを受け入れられない	ひとり1色！ ペインティング	P101
	興味のある範囲が限られていて、興味がないことをやりたがらない	遊びの取り換えっこ	P97
特定の遊びややり方にこだわる	他人に興味がない	触れ合い遊び	P113
		お顔を見てみよう	P119
忘れ物が多い	語彙が不足していて、指示の内容が理解できない	たくさん言えるかな？	P70
	集中力がなく、持ち物の指示を聞いていない	姿勢はどうかな？	P67
		キーワードクイズ	P69
	ワーキングメモリーがうまく働かず、指示を覚えておくことが難しい	買うものは何かな？	P73
	忘れたら困ることがわかっていない	この後どうなる？	P133
		困るのは誰かな？	P135

集団行動

事例	考えられる要因	トレーニング	参照頁
遊びのルールが守れない	ルールの内容が理解できていない	内容伝達ゲーム	P128
	ルールや順番などを守らなければならないことがわかっていない	みんな協力！ ハンドベル	P126
		協力してやってみよう	P163
	自分の気持ちを抑えられずに優先してしまう	風船バレー	P125
		整理券、あなたは何番？	P127
	見通しを立てられない、目先のことにしか注目できない	だるまさんがころんだ	P131
		平均台じゃんけん	P132
集団行動ができない	集団行動をとることに緊張感や不安を感じている	みんなで動いてみよう	P141
		電車ごっこ	P142
		円のなかに全員集合！	P144
	ルールや順番などを守らなければならないことがわかっていない	みんな協力！ ハンドベル	P126
	周りに合わせることがわかっていない	上手にまねっこ	P138
	指示に従わなくてはならないことがわかっていない	忍者タイム	P137
	人が大勢いる場所が苦手	円のなかに全員集合！	P144

事例	考えられる要因	トレーニング	参照頁
集団行動ができない	人が大勢いる場所が苦手	集会上手	P145
立ち歩いてしまう	話を聞く体勢ができていない	姿勢はどうかな?	P67
	注意力が散漫で、集中するのが苦手	旗上げゲーム	P68
	感情や衝動を抑える方法を知らない	3つだけやってみよう	P91
		リラックスのお守りとおまじない	P94
	自分の気持ちを抑えられずに優先してしまう	風船バレー	P125
		整理券、あなたは何番?	P127
	ルールを忘れてしまう	内容伝達ゲーム	P128
	自分の要求を言葉で伝えられない	お願いしてみよう	P120
	苦手な課題から逃れようとしている	苦手について考えよう	P160
暗黙のルールが理解できない	ルールを守る場面だと気づけない	あの人だったらどうする?	P139
	ルールを知らない	忍者タイム	P137
	ルールや順番などを守らなければならないことがわかっていない	風船バレー	P125
		みんな協力! ハンドベル	P126
行事を嫌がる	見通しを立てられない、目先のことにしか注目できない	だるまさんがころんだ	P131
		この後どうなる?	P133
	注目されるのが怖い	うれしい言葉	P147
順番を待てない	順番や並び方がわからない	行進しよう	P143
		集会上手	P145
	順番を守らなければならないことがわからない	整理券、あなたは何番?	P127
	今すぐやりたい気持ちを抑えられず、待てない	3つだけやってみよう	P91
順番を待てない	今すぐやりたい気持ちを抑えられず、待てない	タイマーが鳴るまで我慢	P92
時間を守れない	指示を聞いていない	姿勢はどうかな?	P67
	時間を守らなければならないことがわかっていない	みんな協力! ハンドベル	P126
		キーワードクイズ	P69
	見通しを立てられない、目先のことにしか注目できない	この後どうなる?	P133
	時間を忘れてしまう	どうしたらできる?	P161
約束を守れない	語彙が不足していて、約束の内容が理解できない	たくさん言えるかな?	P70
		箱の中身は何だろう?	P80
	約束を守らなければならないことがわかっていない	みんな協力! ハンドベル	P126
	ルールを忘れてしまう	内容伝達ゲーム	P128
	言動の結果を意識できない	困るのは誰かな?	P135
	見通しを立てられない、目先のことにしか注目できない	この後どうなる?	P133
	ワーキングメモリがうまく働かず、言われたことや言ったことを忘れてしまう	振り返りワークシート	P154
当番活動や係活動ができない	当番活動や係活動をする意味がわからない	当番は何のためにするの?	P134
	やり方がわからない	箱の中身は何だろう?	P80
	自分の当番や係がわからない	店員さんごっこ	P123
	ほかの子と協力できない	ひとり1色! ペインティング	P101
		協力してやってみよう	P163
	見通しを立てられない、目先のことにしか注目できない	困るのは誰かな?	P135
他者と協力できない	他者と協力して何かを成し遂げた経験が少ない	協力してやってみよう	P163
	ひとりでやることがよいことだと思い込んでいる	ひとり1色! ペインティング	P101

言葉

自分

あいさつをする

「おはよう」や「こんにちは」、「ありがとう」「ごめんね」など、場面に合ったあいさつや言葉かけができるようにしましょう。

事例

- 「おはよう」「こんにちは」など、場面に合った適切なあいさつができない
- 周りにいる人全員にあいさつをしたり、しつこくあいさつを言い続けたりする
- 友だちのものを黙って取ってしまう
- 「ごめんなさい」が言えない

【考えられる要因】

- あいさつをする習慣がない
- あいさつをする意味がわかっていない
- あいさつの言葉や使い方を知らない
- 恥ずかしくてあいさつができない

やり方だけでなく楽しさも伝えましょう

あいさつは人とよい関係を築くための重要なスキルです。「おはよう」「こんにちは」といった日常のあいさつは人間関係の基本です。「ありがとう」「どういたしまして」、「ごめん」「いいよ」、「貸して」「いいよ」といった人とのやりとりにおける言葉かけも、円滑な関係を築くあいさつの一種といえるでしょう。遊びに加わりたいときに言う「入れて」という一言も関係をつくるための言葉です。

あいさつをすることの意味がわからない子やタイミングがうまくつかめない子もいます。あいさつの言葉、方法、タイミングなどを具体的に教えながら、その楽しさを伝えていきましょう。

トレーニング 1 サインであいさつ

ねらい

まずはあいさつの習慣を身につけることから始めます。言葉が出てこなくてもハイタッチだけするなど、できるところから始めましょう。あいさつをすることの楽しさや、気持ちが伝わることの喜びを学びます。

対象

保・幼 小・低学年 小・中学年 小・高学年 中学校

個別 小グループ クラス全体

やり方

1 「今日はあいさつについて考えます。どんなあいさつがありますか」と聞いて、意見を出してもらいます。

2 いろいろな意見が出たら、「言葉を使わないであいさつするにはどうしたらいいでしょう」と聞きます。ハイタッチ、手を振る、会釈などの意見が出たら、みんなで実際にやってみます。

ポイント 身振りでもあいさつができること、あいさつをすると相手も自分も気持ちがよいことを伝えます。

3 最後に「明日の朝はハイタッチでおはようのあいさつをしてみましょう」と声をかけます。翌朝、実践してみます。

ポイント 日常の場面で実践します。身振りであいさつができるようになったらほめ、徐々に言葉も添えられるように支援します。

般化のポイント

手を振って「さようなら」、Vサインで「ありがとう」など、クラスで共通ルールをつくって、日常生活に取り入れると習慣づけしやすくなります。クラスでサインを話し合って、いろいろなサインで試してみましょう。

NEXT STEP ↗

●気持ち ………… 気持ち絵カード(P109)
●気持ち ………… 触れ合い遊び(P113)
●行動 …………… お顔を見てみよう(P119)
●自己認知 ……… うれしい言葉(P147)

トレーニング 2

「おはよう」競争

ねらい

積極的にあいさつができるようにします。言葉、やり方、タイミングをゲーム感覚で楽しく練習します。あいさつをすると気持ちがいいという感覚を教師や友だちと共有することから始めましょう。

対象

保・幼　小・低学年　小・中学年　小・高学年　中学校

個別　小グループ　クラス全体

やり方

1 「おはようの練習をします。先生に続けて言いましょう」と声をかけ、練習します。できるようになったら、ペアを組んで1対1で練習してリハーサルをします。

ポイント ペアで練習する際は、教師は教室のなかを回りながら、タイミングや声の大きさを具体的に伝えます。

2 登校時、教師が校門に立って子どもたちを迎えます。教師よりも早く「おはよう」が言えたら子どもの勝ちです。あいさつができたことをしっかりほめたり、ごほうびをあげたりして、一緒によろこびます。

ポイント 声が小さくても、あいさつができたことをほめます。そのうえで「次はステップアップです。大きな声で気持ちのよいあいさつをしてみましょう」と声をかけます。場面に合った声量も教えます。

般化のポイント

「おはよう」ができるようになったら、「さようなら」「ありがとう」など、ほかのあいさつも取り入れ、バリエーションを増やしていきます。クラスでどんなあいさつでゲームをしたいか、アイデアを出してもらって次のゲームに生かすのもいいでしょう。

NEXT STEP

- 言葉 …………どっちがうれしい?（P85）
- 気持ち ………3つだけやってみよう（P91）
- 行動 …………お願いしてみよう（P120）
- 自己認知 ………後ろはどうかな?（P153）

トレーニング 3　ドキドキ！　ばくだんリレー

ねらい

ものを渡すときは「どうぞ」、受け取ったら「ありがとう」など、場面に合った声かけと、そのときの返事を学びます。対になったやりとりが自然にできるように練習します。

対象

保・幼　小・低学年小・中学年 小・高学年 中学校 個別

小グループ　クラス全体

やり方

❶ 5～8名の小グループで円形に並びます。箱やボールを用意し、「この箱は爆弾です。順番に隣の人に渡していきましょう。渡すときは『どうぞ』、渡されたら『ありがとう』と言うのがルールです。どんどん回して、1分経ったときに箱を持っていた人が負けです」とルールを説明します。

❷ スタートの合図でゲームを始めます。「どうぞ」「ありがとう」が言えているかを確認しながら進めます。

ポイント 言うより先に渡してしまう子には、「『どうぞ』と言ってから渡してね」と声をかけ、やり直してもらいます。

❸ 1分経ったら教師が合図を出し、ゲーム終了です。最後に箱を持っていた人が負けです。

ポイント 箱のなかにお楽しみを入れておき、最後に箱を持っていた人が箱のなかを見られるルールにしてもよいでしょう。

般化のポイント

「どうぞ」「ありがとう」のように、対になっているあいさつがあります。「ありがとう」「どういたしまして」、「ごめんね」「いいよ」、「貸して」「いいよ」、ボール投げの場面での「いくよ」「いいよ」など、さまざまなあいさつで実践してみましょう。

NEXT STEP ↗

●言葉 …………続きを言ってみよう（P74）
●気持ち ………パーソナルスペース（P103）
●行動 …………後ろにいるのはだあれ？（P121）

トレーニング 4

いろいろな「ありがとう」

ねらい

「ありがとう」を言うことの意味を知り、「ありがとう」を言う習慣を身につけます。さまざまな場面で自分から「ありがとう」が言えるように、「ありがとう」を言う場面を考えてみます。

対象

保・幼　小・低学年　小・中学年　小・高学年　中学校

個別　小グループ　クラス全体

やり方

❶ 例としてものを借りたとき、配膳してもらったときなど、「ありがとう」を言う場面の絵カードを見せます。「どんなときに、『ありがとう』と言ったり、言われたりしますか。具体的に考えてみましょう」と言います。具体的な場面や状況を発表してもらいましょう。

❷ 「たくさんのありがとうの場面が出てきましたね。ありがとうと言われたときはどんな気持ちになりましたか」「言うときはどうでしたか」と問いかけます。

ポイント ありがとうと言うと互いに気持ちがよいことを伝えます。出された意見をもとに、役割を決めてロールプレイでリハーサルをするのもよいでしょう。

般化のポイント

日常の場面で「ありがとう」が言えたときには、「上手にありがとうを言えましたね。すごくいいよ」とほめます。言われた子にも「ありがとうと言われてうれしいね」と喜びを共感する言葉を添えます。

NEXT STEP ↗

●言葉 …………ふわっと言葉・ちくちく言葉（P86）

●気持ち ………力加減を調べよう（P114）

●行動 …………みんな協力！　ハンドベル（P126）

●自己認知 ……どうしたかったのかな？（P159）

トレーニング 5 グループづくり

ねらい

友だちとグループをつくる練習です。友だちに「入れて」「一緒にやろう」と伝えることが、グループになれる方法であることを理解できるようにします。大人数が相手だと緊張することもあるので、ひとり対ひとり、２人対２人から始めます。

対象

保・幼　小・低学年　小・中学年

小グループ　クラス全体

やり方

❶ 子どもたちに「友だちと２人組をつくります。２人組ができたら座りましょう」と声をかけます。

ポイント ペアになれない子には、同様に立っている子がいることを知らせ、声をかけられるように支援します。

❷ 次に４人組をつくります。「今度は４人組をつくります。できたら座りましょう」と指示します。

ポイント 「仲間に入れて」「一緒にやろう」と声をかけるとよいことを教えます。ペアで行うことで、声をかけやすくなります。子どもの数にあまりが出てしまうときは、柔軟に対応しましょう。

❸ 一度最初につくったペアに戻します。そして、「次は６人組です。どうしたらできるかな」と声をかけます。子どもの様子を見守りながら、「入れて」という言葉がうまく使えるよう、サポートします。

般化のポイント

体育の授業やグループ学習のときに取り組むと、その後の活動につながります。遊びや生活の場面でも「入れて」「一緒にやろう」と言えばよいことを伝えます。慣れるまでは、教師が仲立ちして、一緒に言うようにするとよいでしょう。

NEXT STEP ↗

- 言葉 …………いいところをみつけよう！（P88）
- 気持ち ………これは許せる？（P104）
- 行動 …………みんなで動いてみよう（P141）
- 自己認知 ……協力してやってみよう（P163）

言葉

自分

自分のことについて話す

自分の気持ちや要望を伝えられるように、考えを整理して言葉で表現する練習をします。緊張感をほぐす雰囲気も大事です。

事例

- 友だちとのかかわりが少ない
- 発言したり、質問に答えたりするのが苦手
- 集団での話し合いが難しい
- いやなことがあると暴力を振るったり、暴言を言ったりする
- すぐに泣く

【考えられる要因】

- 語彙が少ない
- 吃音《きつおん》などがあり、話すことに抵抗があったり、緊張したりする
- 自分の考えがまとまらない
- 自分の意見を言ったり、要求を伝えたりするのが苦手

言葉を増やし、話す機会をつくります

自分の意見や気持ちをうまく伝えられない子、言葉が足りずに誤解されてしまう子がいます。自分の言葉で意思を表すことはコミュニケーションの基本です。

自分の好き嫌いや意見、要求などを伝えるためには、考えを整理し、適切な言葉を選んで表現することが必要です。考えがまとまらないのか、語彙が少ないのか、あるいは緊張してしまうのかなど、自分の気持ちや意見をうまく言えない原因を考えます。人に伝える楽しさ、喜びが感じられるようにしながら、語彙力を養い、話しやすい雰囲気をつくります。少しずつ自分の考えを言葉で相手に伝える練習をしていきましょう。

トレーニング 1 選んでみよう

➡別冊 P.6

ねらい

自分の考えをまとめられるようにします。選択肢のなかから選んで、それを伝える練習から始め、意見を伝えることへの抵抗や緊張をなくし、話すことに慣れるようにします。

対象

保・幼　小・低学年

個別　小グループ

やり方

何をして遊びたい?
このなかにあるかな

❶「何をして遊びたい?」と質問します。答えがなかったら、遊びを描いた絵カードを見せ、「このなかにありますか。選んでみましょう」と声をかけます。

ポイント その子が興味をもっているものについて質問しましょう。選択肢の数は、幼児では2～3種類、低学年では3～4種類がよいでしょう。

教えてくれてありがとう。
次はステップアップです。
言葉で「砂遊びがしたい」
と言ってみましょう
すなばあそび
したい

❷ 子どもが遊びを選べたら、「砂遊びだね。教えてくれてありがとう」と、意思を伝えてくれたことへの感謝を示し、うれしい気持ちを表します。そして「言葉でも伝えてみよう。『砂遊びがしたい』と言うといいですよ」と声をかけ、練習します。

ポイント 質問に対して自分の考えや気持ちを伝えると相手がよろこぶということを学べるようにします。言葉で表現する方法も伝え、練習しましょう。あらかじめ「ステップアップです」「難しいよ」と伝えて、できなくても挑戦してみようという意欲を引きだします。

般化のポイント

日常のなかでも、子どもが返答した際に、「そうだね、ありがとう」や「そうだね、○○もあるね」など、子どもが返答してくれたことに対して教師が感謝やうれしさを表現し、伝えるようにします。自分の言ったことが伝わるうれしさを感じ、自信をもてるように支援しましょう。

NEXT STEP ↗

●言葉 …………買うものは何かな?（P73）
●気持ち ………3つだけやってみよう（P91）
●気持ち ………遊びの取り換えっこ（P97）
●自己認知 ………あなたはどっち?（P148）

言葉

トレーニング 2

言葉探しゲーム

ねらい

文字や言葉に興味をもてるようにし、語彙を増やすトレーニングです。ものに名前があり、またそれを表す文字があることを理解できるようにします。楽しくものの名前を覚えられるようにしましょう。

対象

保・幼　小・低学年　小・中学年
小・高学年　中学校

個別　小グループ　クラス全体

やり方

❶ 教室内にあるものの名前をひとつずつ書いた付せんと、そのリストを用意しておきます。子どもを2つのグループに分け、片方のグループに付せんを、もう一方のグループにリストを渡します。まず付せんを渡したグループに教室に入ってもらい、付せんを実物に貼ってもらいます。

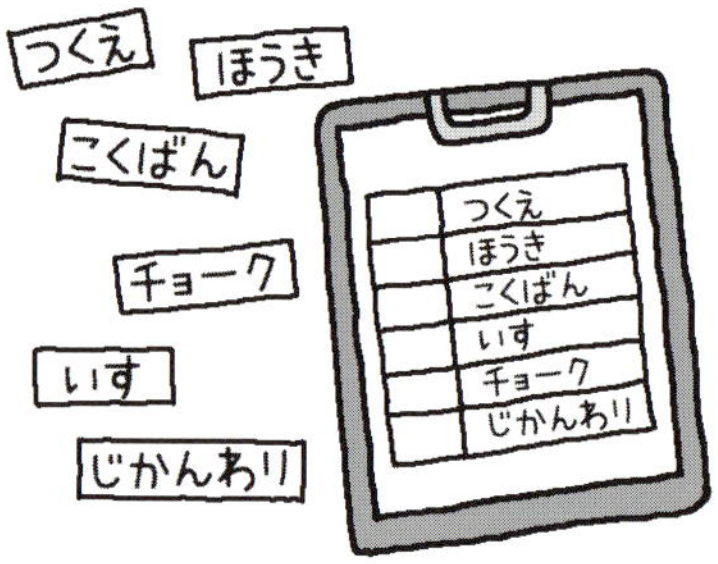

❷ 教室に入ったグループが付せんを貼り終わったら、もう一方のグループに教室に入ってもらい、貼られた付せんを探してはがし、リストの同じ名前の位置に貼っていきます。ゲームが終わったら全員にリストを渡して、名前が覚えられるようにフィードバックします。

ポイント 付せんに書く言葉は、学習進度に合わせて、ひらがな、カタカナ、漢字を使い分けます。低学年では、教師が付せんの名前を読み上げて、子どもたちに実物を探してもらってもよいでしょう。グループの役割を入れ替えたり、メンバーを入れ替えたりして行います。完成までの時間を競っても楽しめます。

般化のポイント

身近なものの名前から、言葉に興味がもてるようにしていきます。身の回りのものや授業で出てきた言葉を子ども自身にリスト化させると、より言葉を覚えることができます。

NEXT STEP ↗

●言葉 …………質問をつくろう（P79）
●行動 …………後ろにいるのはだあれ?（P121）
●自己認知 ……私のプロフィール（P149）

トレーニング 3 言葉カルタ

➡別冊 P.14

ねらい
いろいろな語彙を増やすゲームです。教師が言った単語とそのイメージを結びつけ、視覚的に捉えていくことで、印象づけます。ものの名前だけでなく、形容詞、声かけの言葉、漢字など、子どもの語彙力に合わせてバリエーションをつけて行います。

対象
小・低学年　小・中学年　小・高学年　中学校

小グループ　クラス全体

やり方

❶ 2～6人のグループをつくります。イラストが描かれたカードを机に並べます。「先生が出すお題の言葉に一番近いと思うカードを取ってください。正しいカードを多く取れた人が勝ちです」とやり方を説明します。

❷ 教師がお題を出し、子どもにイメージに合うカードを取ってもらいましょう。正しいカードが取れたら、「よくわかったね」とほめます。間違ったカードを取ってしまったときは、「もう一度言うよ。よく聞いてね」と言って、お題を繰り返し、正しいカードが選べるように支援します。

ポイント お題は、低学年では動物や食べ物、道具の名前から始め、学年が上がるにつれて形容詞や動詞、ものの説明などを絵や漢字で表したものに広げていきます。形容詞は「高い」「低い」など、反対語とセットだと覚えやすいようです。

般化のポイント

授業で新しく学んだ言葉を使って子どもたちにカードをつくってもらうのもよいでしょう。カルタを使わず、お題に合う言葉を自由に発表してもらうと、より語彙力が身につきます。

NEXT STEP ↗

●言葉 …………たくさん言えるかな？（P70）
●言葉 …………ふわっと言葉・ちくちく言葉（P86）
●自己認知 ……振り返りワークシート（P154）

トレーニング 4

虫食い作文

➡別冊｜P.1

ねらい

言葉で表現する楽しさを学びます。虫食い作文なら、文章の一部を埋めるだけで簡単に文章ができます。できた文章を発表し合うと、相手に伝える楽しさ、共感してもらえるよろこびも学べます。

対象

保・幼　小・低学年　小・中学年　小・高学年　中学校

個別　小グループ　クラス全体

やり方

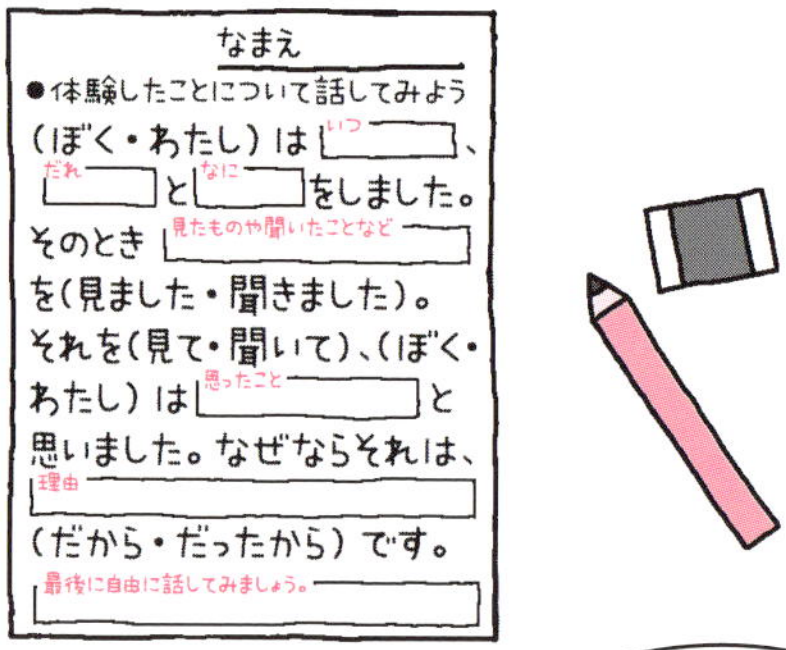

なまえ
●体験したことについて話してみよう
（ぼく・わたし）は いつ 、
だれ と なに をしました。
そのとき 見たものや聞いたことなど
を（見ました・聞きました）。
それを（見て・聞いて）、（ぼく・わたし）は 思ったこと と
思いました。なぜならそれは、
理由
（だから・だったから）です。
最後に自由に話してみましょう。

1 一部の単語が虫食いになって抜けた簡単な文章を提示します。「穴が開いている部分を埋めて、文章をつくってみましょう。お題は週末にやったことです」と指示しましょう。

ポイント ワークシートにして配布するとよいでしょう。手本や言葉のリストを用意すると、より取り組みやすくなります。

2 「できた文章を発表してみましょう」と声をかけ、完成した文を発表してもらいます。「よくできたね。○○が楽しかったんだね」と、うまく文章がつくれたことをほめ、内容がきちんと伝わっていることを示しましょう。

ポイント 虫食いの部分を少しずつ増やしたり、文章を長くしたりします。フィードバックではしっかり共感し、聞いてもらえるとうれしいと子どもが感じられるようにします。

よくできたね。とても楽しそうでいいね

般化のポイント

国語の授業や朝の会、帰りの会などの活動で取り入れます。当番を決めてクラス全員で交代で、作文の内容を発表させてもよいでしょう。子どもの声が小さいときは、教師が繰り返して周りの子どもに伝えます。

妹が逆上がりできてうれしかったんだね

NEXT STEP ↗

●言葉 …………大きな声・小さな声（P87）
●気持ち ………断ってみよう（P106）
●行動 …………内容伝達ゲーム（P128）
●自己認知 ……自分インタビュー（P156）

トレーニング 5 意見交換をしよう

ねらい

自分の意見を言えるようにする練習です。近い意見の人と話し合うことで、「人と意見が違っていたらどうしよう」「間違ったらどうしよう」などの不安や恥ずかしさを取り除き、発言すること自体に慣れるようにします。

対象

保・幼　小・低学年　小・中学年　小・高学年　中学校

個別　小グループ　クラス全体

やり方

1 短い話が書かれたプリントを用意します。プリントの最後には簡単な質問と選択肢をつけておきます。プリントを配り、「お話を読んで、最後の質問に答えましょう」と言って黙読してもらいましょう。

2 終わったら、質問の答えが同じ人同士でグループをつくります。「グループのメンバーは、答えが同じだった人たちです。どうしてそう思ったかを話し合ってみましょう」と声をかけ、話し合いの時間をとります。

ポイント 友だちも同じ考えだとわかっているので、安心して意見が言えます。まずは2～3人の小グループでの話し合いから始めます。教師は教室を回りながら、発言しない子には「○○君はどう思う？」と発言のきっかけをつくります。

3 グループで話し合えたら、どんな意見が出たか、グループごとに発表してもらいます。いろいろな考え方、感じ方があることを学びます。

般化のポイント

話の感想だけでなく、さまざまなテーマについて、意見交換をするとよいでしょう。慣れてきたら、違う意見の人同士で話し合う機会を設け、どこでも意見を言えるように支援します。

NEXT STEP ↗

●言葉 …………会話のキャッチボール（P71）

●気持ち ………これは許せる?（P104）

●行動 …………店員さんごっこ（P123）

●自己認知 ……私のプロフィール（P149）

言葉

相手

上手に相手の話を聞く

コミュニケーションをするためには相手の話を聞くことが大切です。話を集中して聞き、内容が理解できるように支援します。

事例

- 授業中に人の話を聞かずにキョロキョロしたり、立ち歩いたりする
- 指示に従えない、約束や時間を守れない
- おしゃべりがやめられない、一方的に話してしまう
- 質問に答えられない

【考えられる要因】

- ＋話を聞く態勢ができていない
- ＋注意力が散漫で、集中するのが苦手
- ＋語彙が不足していて、指示の内容が理解できない
- ＋会話をするときのルールがわかっていない
- ＋自分が話しかけられていることに気づいていない

話を聞き、理解して行動する練習を

授業中に教師の話を聞かずによそ見をしている子や、集中して話を聞いていられない子がいます。自分が一方的に話して、人の話を聞かない子もいます。

話を聞かないと指示通りに行動できませんし、小学校以降では授業についていけなくなってしまいます。また、一方的に話していては会話にならず、相手とよい関係を築くことは難しいでしょう。

まず、子どもが話に集中でき、話を聞きたくなる環境を整えます。そのうえで、話を聞く姿勢を教えたり、相手の指示に従って行動するトレーニングを行ったりして、話を聞くことができるように支援していきましょう。

トレーニング 1

姿勢はどうかな？

➡別冊｜P.16

ねらい

集中して話を聞くためには、きちんと座って姿勢を保つことが大切です。姿勢を正すだけでも、集中できるようになることもあります。正しい姿勢を身につけ、その姿勢で話を聞くことを教えましょう。

対象

保・幼　小・低学年　小・中学年　小・高学年　中学校

個別　小グループ　クラス全体

やり方

❶ いすに正しく座った姿勢と、だらんと座った姿勢の絵を見せ、「どちらがよい姿勢だと思いますか」と聞きます。子どもたちにどちらの、どんなところがいいか、こういう人を見たらどう思うかなどを考えてもらいます。背中が真っすぐになっているか、足をそろえて床につけられているか、手はひざの上にあるかなどに着目させます。

どちらの姿勢がいいですか。自分が話をしているとき、こんなふうに聞いている人がいたらどう思いますか
右がいいと思います。左の人は話を聞いていないと思うので、ちょっといやです

❷ 正しいほうが選べたら、「みんなの姿勢はどうですか」と声をかけ、正しい姿勢ができるようにします。子どものそばに行ってひとりずつ確認し、「よくできてるね」とほめます。

ポイント 正しい姿勢がとれるように、必要に応じてからだの大きさに合ったいすや足を置く台を用意します。あえて集中が続かない子に手本をやってもらうのでもいいでしょう。

パチ
パチ
背筋を伸ばして、足はそろえて真っすぐおろして床につけているね。手もひざにあってとてもいいね

般化のポイント

授業中に子どもの集中力が途切れて姿勢が乱れてきたら、「みなさん姿勢はどうですか」と声をかけます。姿勢係を設けて、教師が声をかけたら子ども同士で正しい姿勢を確認し合うのもよいでしょう。

NEXT STEP ↗

●言葉 …………会話のキャッチボール（P71）
●気持ち …………タイマーが鳴るまで我慢（P92）
●行動 …………集会上手（P145）
●自己認知 ………みんなどう思っているかな？（P168）

言葉　気持ち　行動　自己認知

トレーニング 2 旗上げゲーム

ねらい

指示に従って旗を上げ下げするゲームを通じて、教師の指示を集中して聞き、指示に従って適切に行動する練習をします。

対象

保・幼　小・低学年　小・中学年　小・高学年　中学校

個別　小グループ　クラス全体

やり方

❶ 子ども全員に赤い旗と白い旗を１つずつ配ります。「先生が『赤上げて』と言ったら赤の旗、『白上げて』と言ったら白の旗を上げます。『上げないで』『下げないで』というときもあるので、よく聞いて動いてね」と、動作のモデルを示しながら説明します。

❷ 「始めます」の合図でスタートします。指示に従って旗を上げられた子には「よく話を聞いて、できたね」と、一人ひとりほめます。間違えた子には「次はよく聞いてがんばろうね」と励まします。

ポイント 動作が遅くても指示に従えていたらほめます。間違ってしまっても聞こうとしている姿が見られたらそこをほめましょう。

般化のポイント

グループ対抗で時間を決めて行い、間違えた人はゲームから外れるというルールにして最後まで残った人数を競うと、ゲーム性がアップしてさらに楽しく取り組めます。また、普段から教師の指示を集中して聞けていたらほめるようにします。

NEXT STEP ↗

●言葉 …………質問は何かな？（P76）
●気持ち ………大移動ゲーム（P99）
●行動 …………指名あいさつゲーム（P122）

トレーニング 3 キーワードクイズ

ねらい

授業中にキーワードを１文字ずつ発表し、それらを並べて言葉を答えるキーワードクイズを行います。キーワードがいつ出てくるかわからないので、集中を持続しなければいけません。

対象

保・幼　小・低学年　小・中学年
小・高学年　中学校

個別　小グループ　クラス全体

やり方

1 授業の最初に「この授業のなかで、３つ文字を言います。３つの文字を並べ替えるとキーワードができます。授業の最後にキーワードを教えてくださいね」と声をかけます。授業中、子どもの集中力が切れる前に、キーワードを１文字ずつ出します。

ポイント キーワードの文字数は３～５個として、子どもの聞く様子を見ながら提示します。文字の順番をバラバラにして発表すると、最後まで聞かないとキーワードがわからないので、しっかり聞けるようになります。

キーワード
この授業のどこかで1文字ずつキーワードを発表します。よく聞いていてくださいね

2 授業の最後に「今日のキーワードは何でしたか」と問いかけます。正解者にはシールなどのごほうびをあげ、「授業のキーワードをよく聞けていたね。よくできました」と集中して話を聞けたことをほめましょう。

キーワードは「だるま」です
よく聞けていましたね

般化のポイント

キーワードをきちんとノートの決まったところに記しておくことも一緒に教えます。慣れるまではワークシートを配ってそこに記入するようにしてもよいでしょう。一日のなかでキーワードクイズを行うときは「た、い、そ、う、ぎ」「さ、く、ぶ、ん」など、翌日の持ち物や宿題をキーワードにすると忘れ物防止にもなり、一石二鳥です。普段から教師の指示をよく聞き、大事なことはノートに書く習慣を身につけられるようにしましょう。

NEXT STEP ↗

●気持ち…………3つだけやってみよう（P91）
●気持ち…………リズムに合わせて動こう（P98）
●行動…………整理券、あなたは何番？（P127）

トレーニング 4

たくさん言えるかな？

ねらい

テーマに沿ってひとつずつ単語を挙げていくゲームです。友だちと同じ名前を言ったら負けなので、友だちの話をよく聞かなければいけません。また、友だちとは違う言葉を考えることで語彙力を養います。

対象

保・幼　小・低学年　小・中学年　小・高学年　中学校

個別　小グループ　クラス全体

やり方

❶ 5～6人のグループをつくります。「順番にひとりひとつずつ動物の名前を言います。友だちと同じ動物の名前を言ったら負けです。みんなが何を言うか、よく聞いてね。また、同じものを言っている子がいたら教えてください」と説明します。

❷ スタートの合図で、順番にひとつずつ動物の名前を言っていきます。教師は教室を回って、順番やルールを守ってできているか見守ります。

❸ 同じものを言ってしまった子がいたら、ゲーム終了です。同じものを言ってしまった子には、「おしかったね。友だちの言っている言葉をよく聞いて、もう一度がんばろう」と励まして気持ちを切り替えられるようにします。その子から新しいテーマでゲームを再開します。

ポイント テーマはグループの子どもが興味をもっているものを選びましょう。

般化のポイント

順番を守る、答えが人と同じにならないように集中して考えるなど、さまざまな学びがあるゲームです。中学年以降は、地名や国名をテーマにして、授業内容と関連づけてもよいでしょう。

NEXT STEP

●言葉 …………言葉カルタ（P63）
●気持ち ………3つだけやってみよう（P91）
●行動 …………指名あいさつゲーム（P122）
●行動 …………内容伝達ゲーム（P128）

トレーニング 5 会話のキャッチボール

ねらい

話し手と聞き手を決めて相手の話をよく聞くトレーニングです。ボールを持たせることで、役割がわかりやすくなります。コミュニケーションが双方向のものであることや、会話のマナーを学びます。

対象

保・幼　小・低学年　小・中学年　小・高学年　中学校

個別　小グループ　クラス全体

やり方

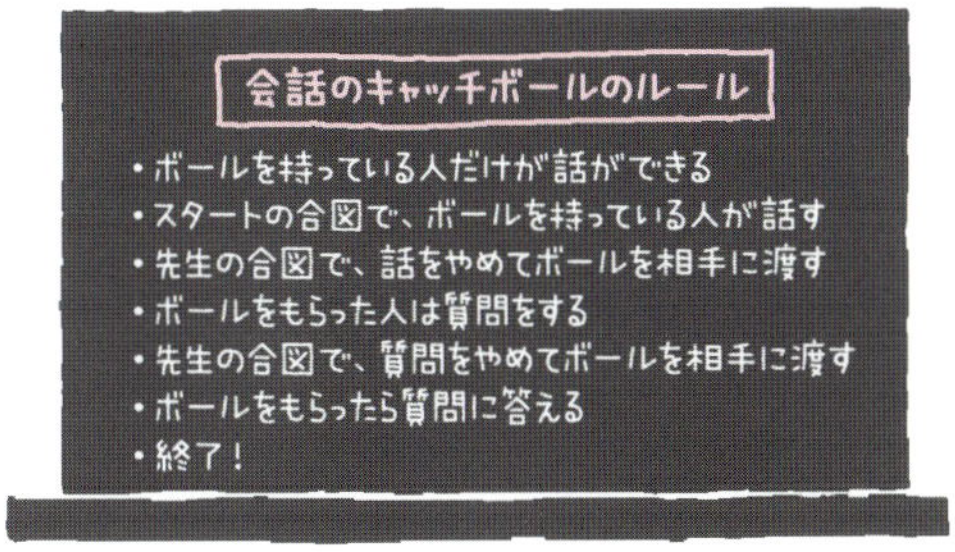
会話のキャッチボールのルール
・ボールを持っている人だけが話ができる
・スタートの合図で、ボールを持っている人が話す
・先生の合図で、話をやめてボールを相手に渡す
・ボールをもらった人は質問をする
・先生の合図で、質問をやめてボールを相手に渡す
・ボールをもらったら質問に答える
・終了！

1 ペアをつくり、ボールをひとつずつ渡します。はじめにボールを持つ人を決めてもらい、話す内容を考える時間をとります。

ポイント 好きな食べ物、本、スポーツなど、テーマを与えると話しやすくなります。

2 「スタートの合図でボールを持った人が話を始めます。先生が次に合図を出したら、話すのをやめて、ボールを相手に渡しましょう。今度はボールを渡された人が、聞いた内容について相手に質問をします。また先生が合図を出したら、ボールを持つ人を交代して、最初にボールを持っていた人が話を続けます」とルールを説明します。

3 スタートの合図で話を始めます。教師は30秒ごとに合図を出し、役割が交代できるようにします。ゲームが終わったら、「よくできました。話していた時間はそれぞれ30秒でした。どう感じましたか」と聞きます。話す人と聞く人の役割を交代しながら会話することの大切さを伝えます。

般化のポイント

数人のグループでやってみてもいいでしょう。交代の合図を出しても話をやめられない子がいたら肩に触れるなどして、役割交代を促します。グループ学習などで話し合うときにもボールを使って、「話し合いのときも会話のキャッチボールが大切ですよ」と声をかけ、みんなが意見を出し合えるようにします。慣れてきたら、ボールなしでやってみましょう。

NEXT STEP ↗

●言葉 …………どっちがうれしい？（P85）
●気持ち ………ひとり1色！　ペインティング（P101）
●行動 …………忍者タイム（P137）
●自己認知 ……協力してやってみよう（P163）

言葉

自分

質問に適切に答える

質問に答えるときは、質問の内容を正しく理解するスキルと、考えを整理して答えるスキルの両方が求められます。

事例

- 質問されても答えられない
- 見当違いのことを答える
- 答えているうちに、質問が途中からわからなくなって、好きなことを話してしまう

【考えられる要因】

- 質問されていることに気づかない
- 質問を聞いていない
- 質問の意味が理解できていない
- 自分の考えをまとめられない

簡単な質問から始めましょう

教師の質問になかなか答えられない子や、短い単語でしか答えられない子がいます。質問に対して見当違いの答えをしたり、自分の好きなことを話しだしてしまったりする子どももいます。

質問にきちんと答えるためには、まずは質問をよく聞いて、何を聞かれているのかを理解しなければいけません。そのうえで、自分の意見をまとめて答えます。

まずは、教師が短くて、わかりやすく、答えやすい質問をすることを心がけましょう。質問を黒板に書いたり、ワークシートを利用したりします。そのうえで、質問を理解し、それに対して答えられるようにしていきましょう。

トレーニング 1 買うものは何かな？

ねらい

まずは短い指示をよく聞き、理解することから始めます。できるようになったら指示を少しずつ長くしていって、より多くの内容を覚えられるようにします。

対象

保・幼　小・低学年　小・中学年　小・高学年　中学校

個別　小グループ　クラス全体

やり方

バナナと、にんじんと、チョコレートを買ってきてくださいね。買うものをしっかり思い浮かべましょう

❶ 教室の一角に、絵カードを並べたお店屋さんを用意しておきます。子どもたちに「おもちゃのお金を使ってお買い物ごっこをするよ。買ってくるものは3つ、バナナとにんじんとチョコレートです。買ってくるものを思い浮かべましょう」と指示します。幼児の場合は、最初に教師が買いものごっこをやって見せるとよいでしょう。

ポイント 指示する際、数を提示しておくと、聞きやすくなります。行動に移る前に指示の内容をしっかりイメージさせることも大切です。

1つ目は黄色い果物だよ。皮をむいて食べるよ。何かな？

❷ 「準備ができたらおもちゃのお金を持って、お店に買いに行きましょう」と言って、スタートします。買い物ができたら「よくできたね」とほめ、ごほうびのシールをあげます。指示を覚えていない子には「1つ目は黄色い果物です。何かな？」などとヒントを出します。ヒントは子どもの様子を見ながらひとつずつ出しましょう。また、「1回だけ質問してもいいよ」と言って、子どもにヒントを引きださせるといいでしょう。

般化のポイント

絵カードを使った買い物遊びだけでなく、学校なら授業で使う用具を子どもたちにそろえてもらうときや、宿題を提出してもらうときなどにも取り入れます。

秋のものをみんなに持ってきてもらいました。どんなものがあるか覚えましょう

NEXT STEP ↗

●言葉 …………旗上げゲーム（P68）

●気持ち ………何度もできるいす取りゲーム（P100）

●行動 …………内容伝達ゲーム（P128）

トレーニング 2

続きを言ってみよう

➡別冊 P.20

ねらい

文章の前半を聞いて、後半を連想して答えます。言葉にはつながりがあることを意識できるようにします。また、質問にひとことで短く答えようとしてしまう子どももいます。言葉が足りないと、きちんと伝わらないことを教えましょう。

対象

保・幼　小・低学年　小・中学年　小・高学年　中学校

個別　小グループ　クラス全体

やり方

❶ 雨の日にかさをさしている絵カードを見せながら、「この絵を見て、文をつくります。先生が半分まで言うので、続きを考えてみましょう」と言います。

❷ 「それでは『雨が降ったら』に続く言葉は何でしょう」と問いかけます。

❸ 子どもが「かさをさす」と答えられたら、「そうですね。雨が降ったらかさをさします」と復唱します。そして「では『さす』だけだったらどうですか。意味がわかりますか」と問いかけて、言葉が足りないとうまく伝わらないことも教えていきましょう。

ポイント 低学年のときは、単純な絵カードにし、答えがひとつになるようにします。中学年以上なら言葉だけで質問したり、自由に回答してもらってもいいでしょう。

般化のポイント

お腹がすいたら……、のどが乾いたら……、暑かったら……、寒かったら……など、行動につなげられるお題にして普段から取り組んでみましょう。朝の会や帰りの会では、季節に合ったものや、その日学習したことをテーマにしてもいいでしょう。

NEXT STEP ↗

- 言葉 …………虫食い作文（P64）
- 行動 …………この後どうなる？（P133）
- 自己認知 ………振り返りワークシート（P154）

トレーニング 3 正しいのはどれ？

➡別冊 P.6

ねらい

適切に答えるためには、質問を聞いて覚えておくことも大切です。指示を耳で聞いて、似たような選択肢から正しいものを探す練習で、記憶力を養います。似たような選択肢を用意することで、よく見て注目する力や集中力も身につきます。

対象

保・幼　小・低学年　小・中学年　小・高学年　中学校

個別　小グループ　クラス全体

やり方

❶ 似たような絵が描かれたカードを3つ用意します。「これからあるものの特徴を3つ言います。その後に、絵を何枚か見せるので、最後までよく聞いて正しいものを選んでくださいね」と言います。

❷ 子どもが聞く準備ができたらスタートです。「秋によく食べるもので、小さい粒がたくさんついている、紫色の果物は？」と言って、3つの絵カードを見せ、選んでもらいます。正解できたら「正解です。しっかり聞いて答えられましたね」とほめましょう。間違ってしまったら、正解となるものの特徴は何だったかを思い出させたり、絵をよく比較させたりします。

ポイント 答えられないときは、特徴を覚えられていないだけでなく、絵をしっかりと見ていないことも考えられます。どこでつまずいているかをよく観察します。

般化のポイント

休み時間などに子ども同士で問題を出し合うのもいいでしょう。教室に絵カードのセットをおいておくと、子どもたちが自由に遊べます。また、授業中にその科目で習った言葉を使って質問をすると、復習にもなり一石二鳥です。

NEXT STEP ↗

- 言葉 …………選んでみよう（P61）
- 言葉 …………キーワードクイズ（P69）
- 行動 …………お顔を見てみよう（P119）
- 自己認知 ………後ろはどうかな？（P153）

言葉

トレーニング 4

質問は何かな？

ねらい

質問に対して、求められていることをしっかり答える練習です。答える前に聞かれていることを整理し、質問を確認することで、質問されていないことを話しだしたり、答えているうちに質問がわからなくなったりしないようにします。

対象

保・幼　小・低学年　小・中学年　小・高学年　中学校

個別　小グループ　クラス全体

やり方

❶ 問題文を黒板に書きます。子どもに問題文を音読してもらいましょう。そして「では、この問題が質問していることは何でしょう」と聞きます。単位や、答え方なども併せて確認しましょう。

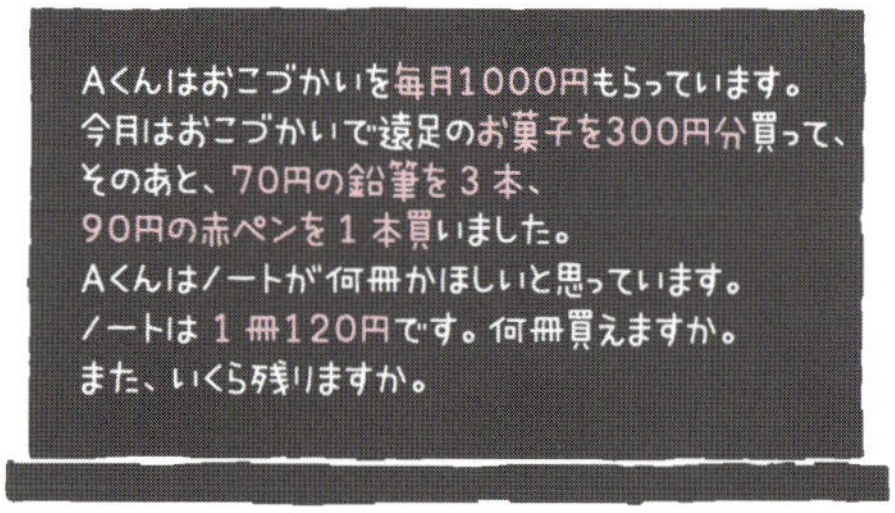

Aくんはおこづかいを毎月1000円もらっています。
今月はおこづかいで遠足のお菓子を300円分買って、
そのあと、70円の鉛筆を３本、
90円の赤ペンを１本買いました。
Aくんはノートが何冊かほしいと思っています。
ノートは１冊120円です。何冊買えますか。
また、いくら残りますか。

ポイント 低学年の場合は、短くて簡単な問題文にします。

❷ 質問が何かがわかったら、答えを考えて、発表してもらいましょう。答えが長くなりすぎたり、質問とは違うことを話しだしたりしたら、教師は「ストップ！」と声をかけます。「質問は何でしたか。どこを見て、どう答えるんだったかな」と聞いて、質問を思い出させます。

ノートは 120 円で、鉛筆は 70 円で3本買って、90 円の赤ペンも買って……
ストップ！質問は何でしたか。大事な質問はどこに書いてあるでしょう

ポイント 途中で振り返れたら、しっかりほめましょう。そのうえで、どのような質問にどう答えるかを伝え、復習できるようにします。複数の質問がある場合は、一つひとつの質問に分けて考えるように支援します。

❸ きちんと答えられたら、「そうだね。よく質問を思い出して、答えられましたね」とほめます。

般化のポイント

普段の会話でも、何を聞かれているのか、意識できるようにしましょう。また、休み時間に一方的に話し続けたり、授業中に勝手に話していたりするときにも「ストップ！」と声をかけ、まずは「何を聞かれていますか？」と聞き、自分の発言や行動を振り返られるようにします。

NEXT STEP ↗

●言葉 …………ドキドキ！　ばくだんリレー（P57）
●行動 …………忍者タイム（P137）
●自己認知 ………自分インタビュー（P156）

トレーニング 5 連想ゲーム

➡別冊｜P.6

ねらい

お題について、言葉で表現する練習で、自分の考えをまとめたり、言葉で説明したりする力を身につけます。また、答えるほうは相手の説明から想像力を働かせて答えをみつけるので、ものごとを推察する練習にもなります。

対象

保・幼　小・低学年　小・中学年　小・高学年　中学校

個別　小グループ　クラス全体

やり方

❶ 5～6人のチームをつくります。１列に並んで、先頭の人には後ろを向いて、向かい合って立ってもらいます。

❷ 先頭の人にだけお題を見せ、お題についてその名前や言葉を使わずに別の言葉で説明するゲームです。列の２番目に立っている人は、先頭の人の説明を聞いてお題が何かを答えます。当たっていたら１ポイント獲得です。

❸ ２番目の人が答えたら先頭だった人が列の最後に並び、２番目の人は先頭に移動します。このゲームを全員に順番が回るまで繰り返します。一番ポイントが高かったチームが勝ちです。

ポイント 説明する人がお題の特徴をうまく整理して話せるように、ヒントも一緒に渡すとよいでしょう。

般化のポイント

最初は身近なものをお題にします。休み時間などに遊び感覚で取り組んだり、慣れてきたら、お題を地名や物語の登場人物、授業の単元で学んだことにして、授業で取り入れたりします。言葉で説明することに慣れていくことが大事です。

NEXT STEP ↗

●言葉 …………言葉カルタ（P63）
●気持ち ………リズムに合わせて動こう（P98）
●行動 …………当番は何のためにするの？（P134）

言葉

相手

知らないことやわからないことを質問する

友だちとのやりとりや授業中に、わからないことを質問できるようにしましょう。知りたいことを整理することから始めます。

事例

- わからないことを質問することができない
- 約束やルールが守れない
- 指示通りに動けない
- 役割が果たせない
- すぐに泣く

【考えられる要因】

- ＋具体的に何がわからないのかわかっていない
- ＋質問をするのが恥ずかしい
- ＋質問のしかたがわからない
- ＋言葉がうまく出てこない

質問することに慣れることから

わからないことを質問することは、社会のさまざまな場面で必要なことです。

質問をするためには、相手の話をきちんと聞いて内容を理解し、どこがわからないのかを整理したうえで、言葉で聞く必要があります。これらのすべてのステップができていないと質問はできません。また、質問することを恥ずかしいと思っていて、聞けないこともあります。

まずは、わからないことは恥ずかしいことではないことを伝え、質問しやすい雰囲気をつくり、質問することに慣れるようにしましょう。そして、質問のしかたを教え、相手の話や指示を聞いて整理できるように支援します。

トレーニング1 質問をつくろう

ねらい

質問のしかたを学びながら、質問することに慣れていきましょう。知りたいことを答えてもらうためには、どんなふうに質問をすればよいか、疑問文をつくる練習です。

対象

保・幼　小・低学年　小・中学年　小・高学年　中学校

個別　小グループ　クラス全体

やり方

❶ いろいろな例文を黒板に書き、文章中のひとつの単語を四角で囲みます。「四角で囲んだところを知りたいときは、どんなふうに質問すればいいでしょう」と聞き、発表してもらいましょう。

ポイント 教師が例を示したり、ワークシートをつくると取り組みやすくなります。

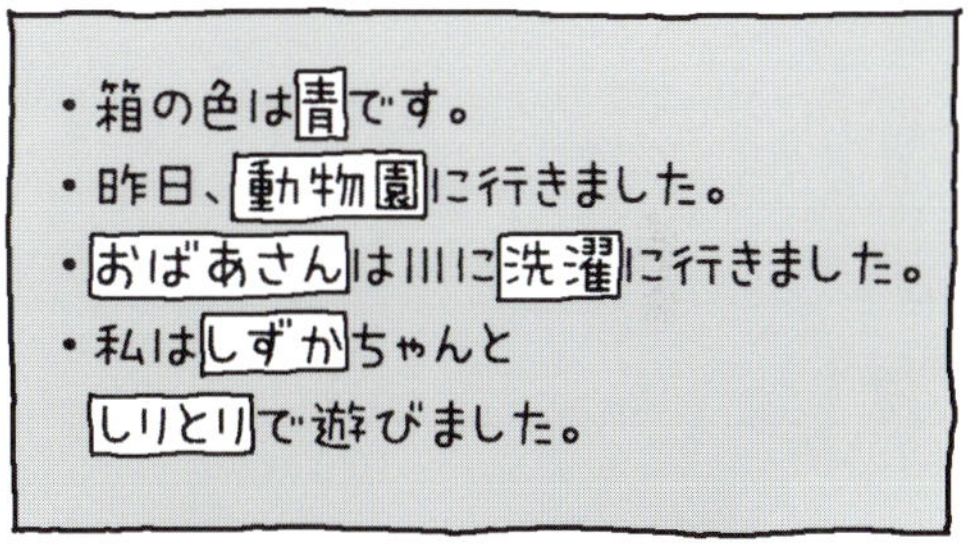
・箱の色は青です。
・昨日、動物園に行きました。
・おばあさんは川に洗濯に行きました。
・私はしずかちゃんと
しりとりで遊びました。

❷ 答えられたら、「そうですね。上手に質問できましたね」とほめ、そのうえで質問文を復唱し、疑問文のつくり方を学べるようにします。

ポイント グループがつくれる場合は、単語が抜けた例文をつくるチームと質問文をつくるチームに分かれて取り組むのもよいでしょう。

上手に質問できたね。色を聞くときは「何色」と聞くといいですね
何色の箱ですか

般化のポイント

高学年以上なら、「昨日あったことを、5W 1Hを入れて文にしてみましょう」と、例文づくりから行うと国語の授業の課題になります。5W 1Hにあたるところを四角で囲み、それぞれに対する質問をつくります。

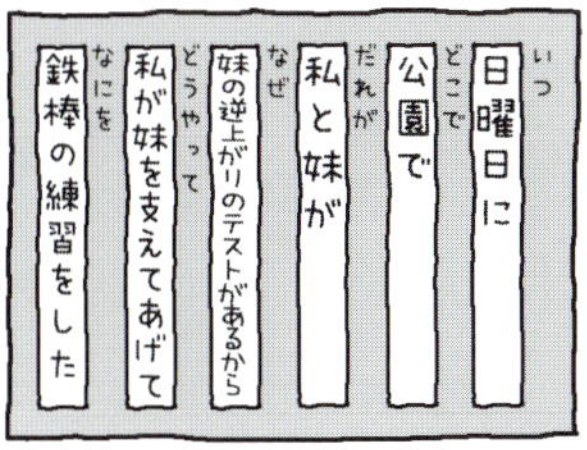
いつ
日曜日に
どこで
公園で
だれが
私と妹が
なぜ
妹の逆上がりのテストがあるから
どうやって
私が妹を支えてあげて
なにを
鉄棒の練習をした

NEXT STEP ↗

●言葉 …………会話のキャッチボール（P71）
●行動 …………お願いしてみよう（P120）
●自己認知 ………自分インタビュー（P156）

言葉

トレーニング 2

箱の中身は何だろう？

ねらい

質問することで、わからないことや知らないことを知る楽しみを味わいます。ゲーム感覚でできるので、見えないものへの興味が、質問する意欲を高めます。子どもの興味を引くものを箱に入れておくとより楽しめます。

対象

保・幼　小・低学年　小・中学年
小・高学年　中学校

個別　小グループ　クラス全体

やり方

❶ ４～５人のグループをつくり、ものや絵カードを入れた箱をひとつずつ配ります。グループにひとり、なかを見る係をつくって、見てもらいます。

❷「なかを見る係の人は箱の中身について『○○に使うものです』など、はじめにヒントをひとつだけ出します。なかを見る係以外の人は、そのヒントをもとに、箱の中身を予想して、質問していきます。質問しながら箱の中身を当ててみましょう。最初に箱の中身を当てられたチームが勝ちです。終わったら箱の中身をみんなで確認しましょう」と指示します。

ポイント きちんと文で質問するように指導します。形、色など、質問の項目を黒板に書いておいてもいいでしょう。中学年では、質問はひとりひとつだけと制限すると、よりよく考えて質問することができます。

般化のポイント

そろばん、リコーダーといった授業で使う教材や、国語の物語に出てくるものなどを箱のなかに入れると、授業の導入になります。慣れてきたらものを使わずに授業で新しく習った言葉について質問をさせてもよいでしょう。

NEXT STEP ↗

●言葉 …………キーワードクイズ（P69）
●気持ち ………遊びの取り換えっこ（P97）
●行動 …………みんな協力！　ハンドベル（P126）
●自己認知 ……協力してやってみよう（P163）

トレーニング 3 どんな話かな？

ねらい

質問力を競い合うゲームで、わからないことを積極的に質問できるようにします。話のストーリーをできるだけ具体的に質問することで、ストーリーを推察していきます。想像力も養います。

対象

小・中学年　小・高学年　中学校

小グループ　クラス全体

やり方

❶ 物語のあらすじを簡単にまとめ、情報を不足させたものをつくっておきます。子どもにあらすじを読んでもらいましょう。

❷「このお話はところどころお話の内容が抜けています。知りたいと思うことについて、質問をつくりましょう。たくさん質問をつくれた人が勝ちです」と指示します。質問をつくれたら、ひとりひとつずつ発表してもらいます。

❸ 子どもの質問一つひとつに対して「そうだね、どうしてだろう」「気になるよね」などと、子どもがわからない、知りたいと思ったことに共感していきます。

ポイント 国語の教科書の文章を活用すると、その単元の導入にもなります。質問に一つひとつ教師が答えて疑問を解決し、話の種明かしをしてもよいですし、すぐには答えず、全体の文章を読んで、みんなで質問の答えをみつけていくようにしてもよいでしょう。

『手袋を買いに』

あるところにきつねの親子がいました。母ぎつねは子ぎつねに手袋を買ってやろうと思い、夜、子ぎつねといっしょに町へ行きました。そして、子ぎつねの片手を人間の子どもの手に変えて、「ここからひとりで帽子屋へ行きなさい。
そして人間の手だけを見せて『手袋をください』と言うんだよ。
絶対にきつねの手を見せてはいけないよ」と言って、お金を渡しました。子ぎつねは帽子屋に行きましたが、間違えてきつねの手を出してしまいました。
子ぎつねは母ぎつねの元に帰って「人間ってちっともこわくない」と言いました。

般化のポイント

たくさん質問をして考えていくことで、話の内容がわかるようになること、そうすることで話がふくらんでより楽しくなる感覚を育んでいきます。質問して考えたり、内容を知ることで、話や相手の気持ちを理解できるようになること、理解することが大切であることを伝えていきましょう。勝った人には、何かごほうびとなるものをあげるとやる気もアップします。

NEXT STEP ↗

●言葉……………会話のキャッチボール（P71）
●気持ち…………言葉かけカルタ（P111）
●行動……………あの人だったらどうする？（P139）
●自己認知………けんかした子のよいところは？（P164）

トレーニング 4

こおり鬼

ねらい

助け合いを通して、困ったときやわからないことがあったときに周りに声をかけることを学びます。また、「助けて」の声が聞こえたらそれに反応できるようにします。

対象

保・幼　小・低学年　小・中学年　小・高学年　中学校

個別　小グループ　クラス全体

やり方

❶ こおり鬼を行います。鬼を１～２人決め、スタートの合図と同時に、鬼以外の子どもは逃げ、鬼はほかの子どもを追いかけてタッチします。「鬼にタッチされた人は、こおりになって、その場で止まらなければいけません。鬼にタッチされてこおりになっても、その後友だちがタッチをすれば、こおりが溶けて動けるようになります」と説明します。

❷ ルールを示したうえで、「こおりになった人は『助けてー！』と大きな声で友だちに助けを求めましょう。『助けて』の声が聞こえたら、周りの人は『いいよ』『今行くよ』『ちょっと待ってて』など、声をかけて、こおりになった友だちを助けましょう」と声かけのしかたを教えます。時間を決めて、鬼を交代しながら行います。

ポイント 鬼には角やお面などをつけてもらうと、混乱せずにできます。「だるまさんが転んだ」「ドロケイ（泥棒と警察）」でも同様の練習ができます。

般化のポイント

普段の生活でも困ったときや手伝ってほしいときは、「どうしたらいい？」「助けて」「手伝って」「ちょっと来て」と言えばよいことを伝えましょう。言われたときの「いいよ」「ちょっと待っててね」の返事も教えましょう。

NEXT STEP

- 言葉 …………サインであいさつ（P55）
- 気持ち ………タイマーが鳴るまで我慢（P92）
- 行動 …………風船バレー（P125）
- 自己認知 ……短所は長所（P150）

トレーニング 5 教えて！　なぞなぞゲーム

➡別冊 | P.22

ねらい

わからないことを聞く、わからなければきちんと「わかりません」と言う練習です。わからないことを質問したり、わからないことを「わからない」と抵抗なく言えるようにしたりする練習です。

対象

保・幼　小・低学年　小・中学年　小・高学年　中学校

個別　小グループ　クラス全体

やり方

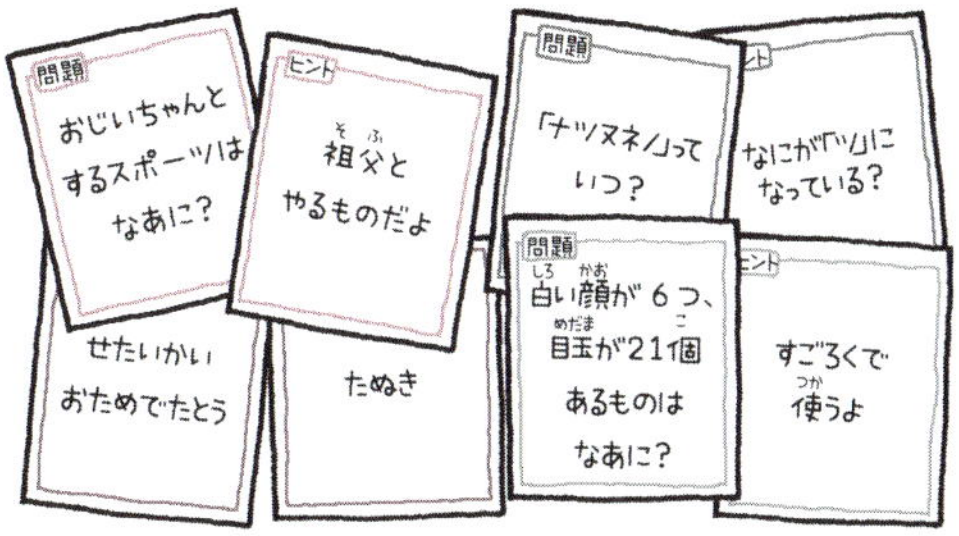

❶ 子どもを４～６チームに分けます。なぞなぞの問題が書かれたカードとヒントカードをそれぞれランダムに配っておきます。

❷ 「これからなぞなぞゲームをします。配られたなぞなぞのヒントを、どこかのチームが持っています。『このなぞなぞがわかりますか？』とほかのチームに聞きます。聞かれたチームは持っているヒントを使ってなぞなぞが解けたら答えを教えてあげましょう。持っているヒントでは解けなかったら、『ヒントが違うのでわかりません』と言いましょう」とルールを説明します。

ポイント チーム同士で協力し合わないとできないゲームです。クラスや学校の行事前に行うと一体感が生まれ、団結が強まります。

❸ なぞなぞを解き、全チームが答えをみつけられたら終了です。

般化のポイント

昼休みなどにクラス全体で取り組むとよいでしょう。コミュニケーションを楽しみながら、わからないことを質問したり、「わからない」と言う経験を積んでいきます。

NEXT STEP ↗

●言葉 …………会話のキャッチボール（P71）
●気持ち ………ひとり１色！　ペインティング（P101）
●行動 …………内容伝達ゲーム（P128）
●自己認知 ………どうしたらできる？（P161）

言葉　気持ち　行動　自己認知

言葉

相互

相手の気持ちや場面に合わせて言葉をかける

困っている友だちに声をかけたり、がんばっている友だちを励ましたりすることは人間関係をよくするのに大切なことです。

事例

- 友だちとのかかわりが少ない
- 友だちに優しく、親切にできない
- 場面にそぐわない言葉を使う
- 暴力的な発言をする

【考えられる要因】

- ✚友だちと話すのが苦手
- ✚友だちの気持ちがわからない
- ✚言葉の使い方がわからない
- ✚自分の使った言葉が悪い言葉だと気づいていない

言葉だけでなく言い方も伝えましょう

困っている友だちに声をかけられなかったり、思いやりに欠ける言葉を使ったり、あるいは友だちに乱暴な態度をとってしまったりする子どもがいます。

相手の気持ちや状況を想像することが難しい、ふさわしい言葉を知らない、その態度や言葉で相手が傷つくということがわかっていないなどが原因として考えられます。

よい言葉と悪い言葉を知ったり、場面ごとにどのような言葉をどうかけるのがよいか、どうしたら相手が喜ぶかを学んだり考えたりできるようにします。状況にふさわしい言葉かけができるように支援しましょう。

トレーニング 1 どっちがうれしい？

➡別冊｜P.24

ねらい

状況に応じて、友だちにどのような言葉をかけるのがよいか、どんなふうに言えば相手が喜ぶかを考え、学ぶトレーニングです。絵カードを使って学び、実際の場面でもできるように練習します。

対象

保・幼　小・低学年　小・中学年　小・高学年　中学校

個別　小グループ　クラス全体

やり方

❶ 泣いている友だちに「どうしたの？」と声をかけている子と、その子を見て笑っている子の絵カードを見せます。「泣いている子に『どうしたの？』と聞いている友だちと、笑っている友だち、どちらがいいと思いますか」と聞きましょう。

ポイント 絵カードを２枚見せて比較させることがポイントです。比較対象があることでどちらが適切かわかりやすくなります。

❷ 子どもが「どうしたの？」と心配している顔のカードを選べたら「そうだね。『どうしたの？』って聞いてもらえたら、泣いている友だちもうれしいよね」と相手の気持ちを説明します。そして、「友だちが泣いていたら『どうしたの？』とやさしく聞いてあげましょう」と指導します。

般化のポイント

さまざまなシーンの絵カードを使ってやってみましょう。また、実際の生活の場面で、友だちを気遣う声かけができた子どもをほめましょう。場合によっては教師が「どうすればいいかな？」と声かけを促すのもいいでしょう。

NEXT STEP ↗

●言葉 …………意見交換をしよう（P65）

●気持ち ………気持ち絵カード（P109）

●行動 …………指名あいさつゲーム（P122）

●自己認知 ……うれしい言葉（P147）

トレーニング 2

ふわっと言葉・ちくちく言葉

➡別冊 P.28

ねらい

言葉には、言われたらうれしくて気持ちがふわっとする言葉と、言われたら悲しくて心がちくちくする言葉があることを学びます。悪い言葉と知らずに不適切な言葉を使っている子もいます。みんなで考え、普段からよい言葉を使うように指導しましょう。

対象

保・幼 小・低学年 小・中学年 小・高学年 中学校

個別 小グループ クラス全体

やり方

❶ 言葉には言われたらうれしい「ふわっと言葉」と、言われたら悲しくていやな気持ちになる「ちくちく言葉」があることを説明します。例をいくつか挙げたうえで、子どもたちにも、どんなものがあるかを発表してもらいましょう。

❷ それぞれ例が挙がったら、「ふわっと言葉とちくちく言葉、それぞれ言われたらどんな気持ちになりますか」と聞いてみます。そして、「ふわっと言葉は言われたらうれしい気持ちになりますね。人と話をするときは、ふわっと言葉を使い、ちくちく言葉は言わないようにしましょう。言ってしまったら、『ごめんね』とすぐに謝りましょう」とコミュニケーションのルールを確認します。

たくさん使おう
ふわっと言葉
・いいね
・大丈夫
・ありがとう
・・・・・
言わない
ちくちく言葉
・きたない
・ブス
・キライ
・・・・・
ふわっと言葉は言われたらうれしい気持ちになりますね。人と話をするときは、ふわっと言葉を使いましょう

ポイント ちくちく言葉を言ってしまったときに謝ることも伝えます。また、ちくちく言葉をどのように言い換えたらふわっと言葉になるかも考えてもらいましょう。

般化のポイント

教室のなかにふわっと言葉とちくちく言葉を掲示しておき、ちくちく言葉を言いそうになった子どもに、掲示を注目させるといいでしょう。また、ちくちく言葉を言ってしまっても謝ることができたらほめます。

言わない
ちくちく言葉

NEXT STEP ↗

●言葉 ……………言葉カルタ（P63）
●気持ち …………これは許せる？（P104）
●行動 ……………目上の人と話すときは？（P129）
●自己認知 ………短所は長所（P150）

トレーニング 3 大きな声・小さな声

➡別冊 P.29

ねらい

声の大きさによって、受ける印象が異なり、相手との距離や人数に応じて声量を変えるとよいということを学びます。大きすぎる声がちくちく言葉のように相手をいやな気持ちにさせてしまうことも伝えましょう。

対象

保・幼　小・低学年　小・中学年　小・高学年　中学校

個別　小グループ　クラス全体

やり方

1 子どもたちに１m間隔で一列に並んでもらいます。先頭の子どもは後ろ向きになって、みんなと向き合い、発声係をやってもらいます。「発声係の人には、これからいろんな声の大きさであいさつをしてもらいます。最初に一番大きな声で『こんにちは！』と言ってみましょう」と指示します。列の後ろまで聞こえたことを確認し、それぞれの位置の人がどう感じたか、聞いてみましょう。

ポイント 最初に一番大きい声を確認し、少しずつ小さくしていくと調整しやすいでしょう。

2 「今の声は10です。遠くの人に話すときには10の声で話すといいけれど、近くの人は10だとうるさく感じます。では、近くの人に伝えるときは、どのくらいの声の大きさがいいでしょう」と声をかけ、声の大きさを変えて、どこまで聞こえるか確認します。近くの人に話すときの声の大きさは3、クラス全体に聞こえるように話すときは5など、どんなときにどの声の大きさで話せばいいか、みんなで決めておきましょう。

般化のポイント

声が小さすぎたり、大きすぎたりするとき、「隣の人に話すときは３くらいの声で話すんだよね」などと、数字で声の大きさを指導し、適切な声量が身につくようにします。

NEXT STEP ↗

- 気持ち ………リラックスのお守りとおまじない（P94）
- 気持ち ………気持ち絵カード（P109）
- 行動 …………上手にまねっこ（P138）
- 自己認知 ……どうしたかったのかな？（P159）

トレーニング 4

いいところをみつけよう！

ねらい

友だちのよいところをみつけることで、互いにほめ合ったり、励まし合ったりする習慣をつけます。友だちに関心をもたせ、日頃からよい言葉が使えるようにしましょう。

対象

保・幼　小・低学年　小・中学年　小・高学年　中学校

個別　小グループ　クラス全体

やり方

1 「今日、友だちが何かいいことをしていたところを見た人はいますか。困っている人に優しくした友だちや、すすんで当番活動ができていた友だちはいましたか？」と言い、具体的に発表してもらいましょう。

2 子どもが「○○ちゃんが教室の本棚をきれいにしてくれました」と発表したら、「○○ちゃんは、みんなのために本棚の整理をしてくれたんだね。みんなで『ありがとう』を言いましょう」と言って、みんなでその子に「ありがとう」と言います。また、発言した子も「よく見ていてくれたね。ありがとう」とほめます。

ポイント よい行いをした子と、それを見ていた子の両方をほめましょう。また、みんなで「ありがとう」を言うのも大切です。

〇〇君が××
してくれました
よく見ていたね。
教えてくれてありがとう。
みんなで〇〇君にありがとう
と言いましょう

般化のポイント

帰りの会などで、友だちのよい行いを発表し合う時間を定期的につくります。また、友だちの好きなところや、がんばっている姿を発表し合うのもよいでしょう。

NEXT STEP ↗

- 言葉 …………いろいろな「ありがとう」(P58)
- 気持ち ………触れ合い遊び(P113)
- 行動 …………あの子だったらどうする？(P139)
- 自己認知 ……うれしい言葉(P147)

トレーニング 5 鏡を見てみよう

ねらい

悪い言葉を使っているとき、人はこわい顔や冷たい表情をしています。鏡で自分の顔を見せ、客観的に確認できるようにします。優しい顔で友だちと接することができるように指導していきます。

対象

保・幼　小・低学年　小・中学年　小・高学年　中学校

個別　小グループ　クラス全体

やり方

こんな顔の子を見たら、周りはどう思うかな。どう感じるかな

① 悪い言葉を使ってしまった子どもに、その直後や休み時間に声をかけ、鏡を見せます。使っていた悪い言葉について、「さっき○○と言っていたね。どんな気持ちだったの？」とたずね、そのときの気持ちを思い出してもらいます。

② そのときの顔に注目させ、自分の顔がこわい顔になっていないか、どんな顔に見えるかを聞きます。

ポイント 返答がなければ、「こわい顔になっていたよ」などと受け手の印象を伝え、相手がどう思うか、感じるかを考えさせるようにします。

③ 友だちと仲よく楽しく過ごすためには、友だちと「一緒にいると楽しい」「うれしい」と感じ合えることがポイントであることを伝えます。

般化のポイント

注意をするのは１～２回程度にします。その子が悪い言葉を使いそうになっていたら、悪い言葉を使ってしまう前に、教師が肩に触れたりして、言葉や表情に気をつけるように促します。悪い言葉を我慢できたらしっかりほめます。

NEXT STEP ↗

●気持ち ……… いやな気持ちは袋に捨てよう（P107）
●気持ち ……… 気持ち絵カード（P109）
●行動 ………… あの人だったらどうする？（P139）
●自己認知 …… どうしたかったのかな？（P159）

気持ち

自分

自分の気持ちをコントロールする

我慢するきっかけを与えたり、気持ちを落ち着かせる具体的な方法を教えたりして、気持ちをコントロールできるようにしていきます。

事例

- 授業中に席を立つ
- 授業や遊びに集中できない
- 友だちに暴力を振るう
- 思い通りにならないと怒る
- すぐに泣く

【考えられる要因】

- 感情や衝動を抑える方法を知らない
- 場面に合わせて行動する必要性がわかっていない
- 集中力が続かない
- 興奮を抑えられない

我慢する意味と方法を教えましょう

衝動性があり、教師の指示に従えずに、勝手な行動をとったり、感情を直接ぶつけてしまったりする子どもがいます。人とかかわるとき、自分の衝動や感情を抑えて行動することは大切です。思うままに行動していると危険な目にあったり、勝手な子、わがままな子と思われて、友だちとよい関係を築けなくなってしまったりします。

子どもの気持ちを受け止めたうえで、自分の気持ちをコントロールすることの大切さを教えましょう。そして、時間や数を限定して我慢したり、次の行動に気持ちを切り替えたりする練習をしていきましょう。

トレーニング 1　3つだけやってみよう

ねらい

何かを我慢した後に楽しいことが待っていること、やるべきことをやった後は気持ちがすっきりして次の活動をより楽しめることを学びます。気持ちや行動をコントロールすることの意義を伝え、「ちょっとがんばってみる」ための意欲を引き出します。

対象

保・幼　小・低学年　小・中学年　小・高学年　中学校

個別　小グループ　クラス全体

やり方

1 「これから外で遊びます。でも、その前に今遊んでいるものを3つ片づけて、教室をきれいにしましょう。どれを片づけるか選びましょう」と声をかけ、子どもに片づけるものを選んでもらいましょう。

ポイント 子どもが好きな活動の前に行うことがポイントです。取り組む量や内容は、5～10分程度で少しがんばればできるものにします。時間や数を決めて次の活動までの見通しを立てやすくすること、子どもに選択肢を与えることで、意欲がわきやすくなります。小学校以降では、漢字練習や計算など、学習内容をうまく取り入れましょう。

2 3つのことができたら「よくがんばりました。では、外に行きましょう。がんばったから気持ちもすっきりしてうれしいね。たくさん楽しめるね」と、がんばったことをほめ、すべきことをしっかりやると次の活動がより楽しくなることを言葉で伝えます。

般化のポイント

片づけなどは一日のスケジュールに組み込んでおくことも大切です。気持ちや行動をコントロールして、やるべきことをできた場面ではよくほめます。慣れてきたら、次の活動に移る前に何をするかを子どもに考えさせてもよいでしょう。

NEXT STEP ↗

●言葉 …………選んでみよう（P61）
●言葉 …………買うものは何かな？（P73）
●気持ち ………大移動ゲーム（P99）
●行動 …………整理券、あなたは何番？（P127）

トレーニング

2 タイマーが鳴るまで我慢

ねらい

「待つ」という行為を具体的に理解し、慣れさせます。タイマーが鳴るまで我慢するトレーニングで、「我慢できる」という自信をもたせていきます。衝動的な行動を抑える力をつけましょう。

対象

保・幼　小・低学年　小・中学年　小・高学年　中学校

個別　小グループ　クラス全体

やり方

❶ ラインを引いて、子どもをラインの前に一列に並ばせます。「タイマーが鳴ったら自由に走ってからだを動かしていいよ。ただし、タイマーが鳴るまでは静かに待っていてね」と指示します。

ピピピ

❷ タイマーを15秒から1分の間でセットします。教師は、タイマーが鳴るまで子どもが待てるように「まだですよ」などと声をかけます。タイマーが鳴って、子どもがしばらく走って、気持ちを発散できたら、再び集合させましょう。「タイマーが鳴るまでしっかり待てていて、よかったですね。タイマーが鳴る音をきちんと注意して聞けたね」と、待てたこと、指示に従えたことをほめてフィードバックしましょう。

タイマーが鳴るまでしっかり待てていてよかったです。タイマーの音をきちんと聞けましたね

ポイント タイマーが鳴った後は、走ったり動いたりするなど、動きのある活動をします。静と動を意識させること、気持ちを発散させることがポイントです。時間は園や小学校低学年なら15秒程度、中学年なら30秒～1分ぐらいに設定します。

般化のポイント

慣れるまでは、タイマーの残り時間がわかるようにしたり、幼児の場合には歌を歌って待つようにしたりしてもいいでしょう。日常生活のなかでも順番や決められた時間を待てたときには、しっかりほめましょう。

NEXT STEP ↗

●言葉 …………旗上げゲーム（P68）

●気持ち ………リズムに合わせて動こう（P98）

●行動 …………みんなで動いてみよう（P141）

トレーニング 3 ここで深呼吸

ねらい

悪い言葉を言う前にはそわそわする、からだをゆするといった前兆が現れます。経験の浅い子どもは、自分の心の変化に自分で気づくことが難しいため、教師が前兆に気づかせ、子ども自身が自分の心の変化や行動を意識し、自己修正や抑制ができるよう促します。

対象

保・幼　小・低学年　小・中学年　小・高学年　中学校

個別　小グループ　クラス全体

やり方

❶ 子どもの様子を観察します。暴力を振るったり、悪い言葉を言ったりする前に、そわそわして落ち着きがなくなる、貧乏ゆすりをするなどの前兆が見られるはずです。そうした行動を把握しましょう。

❷ 活動のなかで、その前兆が見られたら、子どもの近くに行ってそっと声をかけます。「どうしたの？　大丈夫？」と聞いてから気持ちをたずねます。その子の気持ちを受け止めたうえで、「そうだったんだね。だからそわそわしたり、大きな声で話したりしたのかな？」とその子がどんな行動をしていたかを知らせます。

いやな気分だったから
そわそわしていたんだね。そういう
ときは、暴力を振るってしまうことが
あるね。深呼吸をすると落ち
着けるよ。練習してみよう

❸「イライラすると乱暴な言葉を使ったり、物に気持ちをぶつけてしまったりするかもしれないね。だからここで深呼吸をしておこう。リラックスだよ」と気持ちを抑える方法を教え、一緒に深呼吸の練習をします。

ポイント 自分の気持ちが理解できていないこともあります。前兆行動が現れたときに、どんな気持ちなのかを振り返らせ、理解させます。

般化のポイント

気持ちがイライラしたり、高まってきたりしたら、大きく深呼吸してみること、そして自分の気持ちが落ち着いたことを確認することを繰り返し教えていきましょう。自分の手立てとして活用できるよう、促していきます。そして、子どもが自分で前兆に気づいてやめられたり、暴力を振るったり悪い言葉を言わなかったりしたら、「自分で我慢できたね。えらいね」とほめましょう。

NEXT STEP ↗

- 言葉 …………ふわっと言葉・ちくちく言葉（P86）
- 言葉 …………大きな声・小さな声（P87）
- 気持ち ………いやな気持ちは袋に捨てよう（P107）
- 行動 …………風船バレー（P125）

トレーニング 4

リラックスのお守りとおまじない

ねらい

感情をコントロールするために、気持ちを落ち着かせる習慣を身につけられるようにします。お守りをつくって、気持ちが高ぶったときはそれに触れて深呼吸したり、呪文をつぶやいたりするなど、落ち着く方法を具体的に教え、練習します。

対象

保・幼　小・低学年　小・中学年　小・高学年　中学校

個別　小グループ　クラス全体

やり方

悪い言葉を言ったり、友だちを叩いたりしそうになったら、このお守りを触って「大丈夫」「しかたない」「なんとかなるさ」とおまじないを唱えましょう
お守り

1 紙や布などさまざまな素材やシール、はさみ、のり、接着剤などを用意しておきます。「気持ちを落ち着かせるためのお守りをつくりましょう」と説明し、自由にお守りをつくってもらいます。

2 お守りができたら、「つくったお守りは、ポケットに入れて持ち歩いたり、首から下げたりしておきましょう。そして、悪い言葉を言いそうになったら、このお守りを触って『大丈夫、しかたない』と落ち着くおまじないを唱えましょう。そうしたら、きっとリラックスできますよ」と言って、リハーサルをします。

ポイント お守りは柔らかくて、手触りのよい素材でつくるとよいでしょう。ポケットに入れられるサイズにしたり、首から下げられるように紐をつけたりします。おまじないの言葉は具体的に伝えます。子どもに考えてもらうのもいいでしょう。

般化のポイント

気分が高ぶっている子には「リラックスのお守りは？」と声をかけ、お守りやおまじないが使えるように促します。たとえ暴言や暴力が出てしまっても、お守りやおまじないを使おうとしたことをほめましょう。そのうえで、次はがんばろうと励まします。

お守りを使えてえらいね。次、我慢できるようにがんばろうね

NEXT STEP ↗

●自己認知 ………うれしい言葉（P147）
●自己認知 ………どうしたかったのかな？（P159）

トレーニング 5 自分の気持ちを振り返ろう

ねらい

子どもの気持ちが落ち着いているときに、今までにいやな気持ちになった場面や、そのときどうすればよかったかを振り返って、話し合います。みんなで共感し合うことで、安心できますし、解決策を自分たちで考えることで、実践しやすくなります。

対象

保・幼　小・低学年　**小・中学年**
小・高学年　中学校

個別　**小グループ**　**クラス全体**

やり方

❶ 友だち同士でいやなことがあったときは、教師に伝え、教師が相手を注意することをクラスのルールとしておきます。そのうえで、落ち着いているときに、「自分の思い通りにいかなかったり、いやなことがあったりしたときはどんなときで、どう思いましたか。そして、どうしましたか」と聞きます。個別に考え、グループやクラスで具体的に発表してもらいます。

❷ 具体例が出せたら、「では、どうすればよかったと思いますか」と聞き、グループやクラスで話し合います。どうすればよいか、我慢する方法や解決策をみんなで話し合います。

ポイント 子どもが落ち着いているときに行うことが大切です。みんなで話し合って思いを共有したり、解決策を探ったりすることで、誰でもイライラすることや、友だちがどうやって気持ちを抑えているかがわかり、自分の行動を振り返ることができます。

私もそんなふうに言われたらいやだな
テストで漢字を間違えたら、しつこく「間違えた」って言われたんだ
私もいやだけど、暴力はいけないから、そういうときは「しかたない」って思うようにしているよ
そのときは我慢して、落ち着いてから話し合うのはどうかな

般化のポイント

気持ちをコントロールするのがとくに苦手な子どもには、定期的に振り返る機会を個別につくりましょう。そしてどうすればよかったか、次にそういう場面に遭遇したらどうするかを一緒に考えます。

次に同じような気持ちになったら、どうする？

NEXT STEP ↗

- ●言葉 …………虫食い作文（P64）
- ●言葉 …………ふわっと言葉・ちくちく言葉（P86）
- ●気持ち ………触れ合い遊び（P113）
- ●自己認知 ……振り返りワークシート（P154）
- ●自己認知 ……苦手について考えよう（P160）

気持ち

自分

気持ちやこだわりを切り替え、移行する

自分のやり方などにこだわりをもっている子がいます。こだわりは認めつつ、周りに影響するものは、譲歩できるように支援します。

事例

- 興味の幅が狭く、ほかのことに興味を示さない
- こだわりが強く、変更をいやがる
- 遊びの勝ち負けや点数などにこだわる
- 集団行動が苦手で、なんでもひとりでやろうとする

【考えられる要因】

- 興味のある範囲が限られている
- 指示や周りの状況に合わせて気持ちや行動を切り替えられない
- 負けることが嫌い
- ひとりでやることがよいことだと思い込んでいる

みんなで取り組み、こだわりを緩めます

特定のこと以外には興味を示さない子どもがいます。自分のやり方に強くこだわり、違うやり方や変更を受け入れられない子どももいます。すると、変更や新しいことに対応できない、勝ち負けにこだわり、負けると怒る、ひとりで全部やりたがり、友だちと協力することができないことがあります。

活動の見通しがつくようにする、活動の妨げになる関係のない刺激を与えない、ルールをしっかりと伝え、理解できるような支援をするといったことが大切です。そのうえで、気持ちを切り替えるトレーニングをして、状況に合わせた行動ができるようにします。

トレーニング 1 遊びの取り換えっこ

ねらい
友だちが取り組んでいる遊びやこだわっていることをみんなでやってみます。互いに教え合うことの大切さを伝えましょう。自分の好きなこと、得意なことを教えるよろこびと、教えてもらう楽しさを感じることで、興味の幅が広がります。

対象
保・幼　小・低学年　小・中学年　小・高学年　中学校
個別　小グループ　クラス全体

やり方

❶「これから遊びの取り換えっこをします。今日は○○ちゃんの好きな遊び（やり方）をみんなでやってみましょう」と声をかけます。指名した子どもにどのように遊ぶか、説明してもらいます。

そうやるとうまくいくんだね。さすが○○ちゃん。みんなにも教えてあげて

❷ みんなで実際にやってみます。最後に「○○ちゃんの遊びをみんなで楽しめてよかったですね。○○ちゃんはみんなにやり方を教えてくれてありがとう。明日は××ちゃんの遊びをみんなでやってみましょうね」と声をかけます。

昨日はみんなが○○ちゃんの遊びをやってくれたよね。だから今日は××ちゃんの遊びをやってあげようよ

❸ 翌日は別の子どもの遊びやりり方をみんなで実践します。日替わりでいろいろな子どもの遊びをみんなで経験していきましょう。

ポイント こだわりが強い子どもの遊びをはじめのころに取り入れるようにし、得意なことを周りの子どもに教えてあげられるように支援します。ほかの子どもの遊びをやりたがらない子がいたら、「昨日はみんなが○○ちゃんの遊びをやってくれたよね。だから今日は××ちゃんの遊びをやってあげようよ」と声をかけます。

般化のポイント

遊びややり方を交換するだけでなく、交互にやったり、組み合わせたりして、興味が広がるようにします。ギブアンドテイクでお互いに教え合い、ゆずり合うことの大切さを伝えます。

NEXT STEP ↗

●言葉 …………会話のキャッチボール（P71）
●気持ち ………これは許せる？（P104）
●行動 …………お願いしてみよう（P120）
●自己認知 ……協力してやってみよう（P163）

トレーニング 2

リズムに合わせて動こう

ねらい

音楽と動きを融合した音楽指導法であるリトミックを取り入れたトレーニングです。音に合わせて決められた動きをすることで、状況に合わせて行動を切り替えながら、気持ちも切り替えられるようにします。注意力、集中力も養えます。

対象

保・幼　小・低学年　小・中学年　小・高学年　中学校

個別　小グループ　クラス全体

やり方

1「これから鳴る音に合わせて動きましょう。カスタネットの音が鳴ったら手を叩きます。太鼓の音がしたらその場で足踏みをしますよ」などと説明し、教師が手本を見せます。

2 スタートの合図で、最初の音を鳴らし、子どもの動きを見守ります。途中で音を変えます。終わったら「うまく動けたかな。よくがんばりました」とほめます。

ポイント 音楽や体育の授業に取り入れたり、休み時間などにやったりするとよいでしょう。メロディーや音の高低を切り替えてもできますが、音が変わったことがはっきりとわかるようにします。音に合わせてうまく動けない子がいたら、「音をよく聞いてごらん。今は何の音かな」と声をかけたり、手本を見せたりします。

般化のポイント

行動と音楽のイメージが一致していることも大切です。動きはからだの発達に合わせて選びます。また、普段から授業の始まりや移動の際に行動や気持ちの切り替えを意識させましょう。

NEXT STEP

●言葉 …………姿勢はどうかな？（P67）
●言葉 …………買うもの何かな？（P73）
●行動 …………上手にまねっこ（P138）
●自己認知 ………協力してやってみよう（P163）

トレーニング 3 大移動ゲーム

ねらい
場所ごとに遊びの内容を決めておき、時間で場所を移動し、遊びも切り替える練習です。場所を移動することで、気持ちの切り替えをしやすくして、活動の途中でも、次の行動に移れるようにします。

対象
保・幼　小・低学年　小・中学年　小・高学年　中学校
個別　小グループ　クラス全体

やり方

1 校庭を３～４のエリアに分けます。エリアごとになわとび、鉄棒、玉入れ、電車ごっこなど、遊びを決めて、文字や絵を貼ったプレートを立てて表示しておきます。子どもたちをエリアの数と同じ数のチームに分け、チームごとに回り方を指示した指示書を渡しましょう。そして、「太鼓の音が鳴ったら、次のエリアに移動します。遊びの途中でも、次に移らなければいけませんよ」と説明します。

ポイント ひとつのエリアにひとつのチームが入るように指示書をつくります。移動が遅いと、後のチームがつかえてしまうことも教えましょう。また、切り替えの遅い子が責められないよう「みんなで協力してやろう」と声をかけます。

2 スタートの合図で開始し、太鼓を叩いて、次のエリアに移動させます。早く移動できたグループはしっかりほめましょう。

般化のポイント

こだわりのある子が取り組みやすい遊びと、そうでない遊びがあります。それらを組み合わせてみんなで取り組んでみるとよいでしょう。体育の授業はこのトレーニングを取り入れやすい時間です。グループの連携を図るのにも効果的です。

NEXT STEP ↗

●言葉 …………ドキドキ！ばくだんリレー（P57）
●言葉 …………こおり鬼（P82）
●行動 …………みんなで動いてみよう（P141）
●行動 …………行進しよう（P143）

トレーニング 4

何度もできるいす取りゲーム

ねらい

いす取りゲームをいすの数を減らさないで何度も行います。うまくできなくても、何度もチャレンジできること、うまくできなくても次へと気持ちを切り替えることをゲームから学びます。

対象

保・幼　小・低学年　小・中学年　小・高学年　中学校

個別　小グループ　クラス全体

やり方

1 参加する子どもの数よりも2～4つ少ないいすを円形に並べます。「これからいす取りゲームをします。音楽が鳴ったらいすの周りを回り、音楽が止まったらいすに座ってください。また音楽が鳴ったら立ち上がって、回りましょう。何度かやるので、座れなくても次にがんばればいいですよ」とルールを説明して始めます。

2 音楽を鳴らしたり止めたりを何度か繰り返して、いす取りゲームを行います。座れずに泣きそうになったり、怒ったりしている子には「またすぐに始まるから、次にがんばればいいよ。音楽をよく聞いてね」と声をかけ、気持ちの切り替えを促します。

ポイント ひとりだけが座れないのではなく、複数人座れない子どもが出るように、いすの数を調整します。音を止めてから次に鳴らすまでの間隔を、長くとりすぎないようにしましょう。

またすぐに始まるから、次にがんばればいいよ。音楽をよく聞いてね

般化のポイント

授業で取り組む課題なども、間違えた問題をもう一度解くチャンスを与えたり、似たようなテストを何度か解ける機会を設けます。できなくても次にがんばればよいこと、諦めずにチャレンジすることが大切であることを教えていきましょう。

もう一回やったらできたね。とてもいいよ
できた

NEXT STEP ↗

- 言葉…………旗上げゲーム（P68）
- 言葉…………鏡を見てみよう（P89）
- 気持ち…………いやな気持ちは袋に捨てよう（P107）
- 行動…………みんなで動いてみよう（P141）
- 自己認知………なぜ一番でないといけないの？（P151）

トレーニング 5　ひとり1色！　ペインティング

ねらい

みんなで協力して、ひとつのものを完成させる遊びです。活動を通してひとりではできないことがみんなで協力して取り組むことでできるようになること、みんなでやるとより達成感が味わえることなどを感じられるようにします。

対象

保・幼　小・低学年　小・中学年　小・高学年　中学校

個別　小グループ　クラス全体

やり方

❶ 4～6人のグループをつくり、大きな塗り絵を配ります。子どもにひとり1色のクレヨンなどを渡しておきます。「それぞれ持っているクレヨンで、絵を塗っていきましょう。ひとりが使えるのは1色だけです。別の人がクレヨンを借りて塗ってはいけません。また、グループのみんなが持っている色を全部使わなければいけません。みんなで協力して完成させましょう」と説明します。

ポイント 教師は子どもの間を回って、グループの全員が協力して色を塗れているかを確認し、声をかけていきます。ひとりでやろうとしていたり、グループの輪に入れない子どもがいたら、ルールを思い出せるように声をかけます。

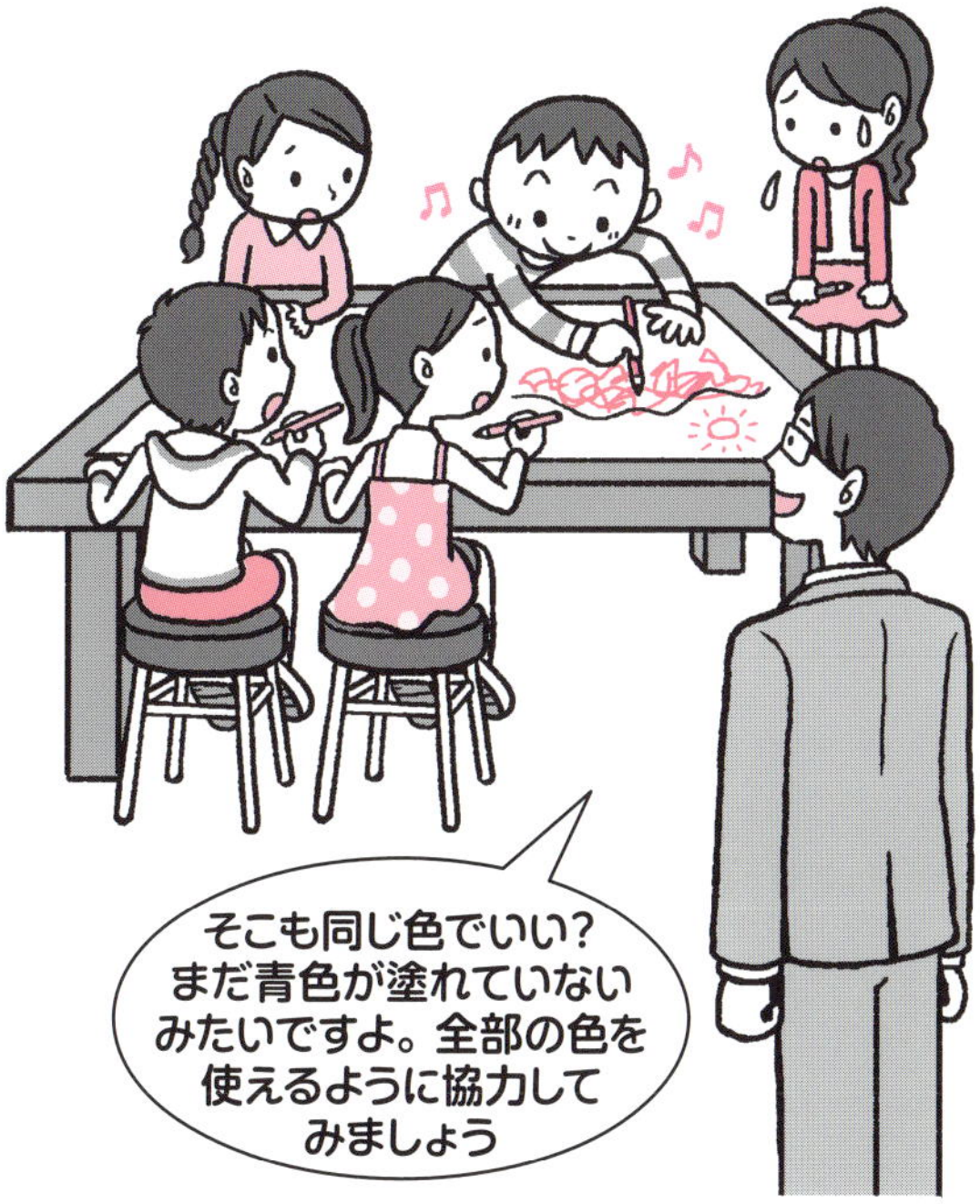
そこも同じ色でいい？
まだ青色が塗れていないみたいですよ。全部の色を使えるように協力してみましょう

❷ 絵が完成したら、「みんなで一緒にがんばってきれいな作品ができましたね。全員が協力し合ったから、カラフルですばらしい絵になりました」とほめて、フィードバックします。完成した絵は教室にメンバー表と一緒に貼りだしておくとよいでしょう。

般化のポイント

授業などでもグループ学習を取り入れて、好きなことや得意なことを生かしながら役割を分担し、協力してやり遂げる活動を行います。ひとりではできなかったことが、みんなでやることでできるようになる達成感を感じさせましょう。

NEXT STEP ↗

- 言葉 …………言葉探しゲーム（P62）
- 行動 …………当番は何のためにするの？（P134）
- 行動 …………上手にまねっこ（P138）
- 自己認知 ………協力してやってみよう（P163）

相手

受け入れる、許す、いやなことを断る

相手と自分との違いを受け入れ、相手のことを許すことや、どうしてもできないことやいやなことを断ることの大切さを教えます。

事例

- 気に入らないことがあるとすぐに怒る
- 「いいよ」と許してあげられない
- できないこと、やりたくないことを断れない
- すぐに泣く

【考えられる要因】

- ＋自分の主張が通らないと気が済まない
- ＋相手と自分が違うことがよくわかっていない
- ＋こだわりが強く、ほかのものを受け入れられない
- ＋自分の意見を言葉で伝えられない
- ＋意見を言うのが恥ずかしい、緊張して言えない

自己主張や譲歩のしかたを学びます

相手との違いを受け入れたり、みんなのことを考えて、本意ではない状況を許したりすることは、まだ自分中心の世界にいる子どもにとって容易なことではありません。

しかし、社会生活のなかでは、相手を受け入れ譲歩することも必要です。人と自分の考え方や好みが同じではないと知り、相手を受け入れることは、自分の世界を広げることにもなります。

ただし、すべてを受け入れればいいわけではありません。できないこと、危険なこと、やってはいけないことをはっきり断ることも大切です。受け入れることと断ることの両方を教えていきます。

トレーニング 1 パーソナルスペース

ねらい
人とうまくコミュニケーションをとるための距離感を学びながら、人によって感じ方が違うことを知ります。自分とほかの人の間の適度な距離感がわかることで、無意味な衝突も避けられます。

対象
保・幼　小・低学年　小・中学年　小・高学年　中学校
個別　小グループ　クラス全体

やり方

❶ ペアをつくり、互いに1mくらい離れて立ってもらいます。「2人で話すとき、どのくらいの距離で話したいと思いますか。ちょっとずつ近づきながら確認してみましょう。近いなと思ったら『ストップ』と言いましょう」と指示します。

❷ ストップが出たら、両方の子どもにどう思うか、感想を聞いてみましょう。「もう少し近くてもいい」「ちょうどよい」「これ以上近いのはいやだ」など、いろいろな意見が聞けるでしょう。人にはそれぞれ心地よく感じる相手との距離があること、相手がちょうどよいと思える距離をとると会話がスムーズに行えること、いやだなと思ったら「ちょっと離れてね」と言えばよいことを話しましょう。ペアを変えて、ちょうどよい距離をとる練習をします。

ポイント パーソナルスペースについて学ぶとともに、相手に合わせたり、断ったりすることも学びます。

もうちょっと近くで
お話ししたい
ストップ！
近いからもうちょっ
と離れてお話し
したい

般化のポイント

パーソナルスペースを知ることは朝礼や体育の授業で整列するとき、教室を移動するときなどにも役立ちます。自分と友だちがそれぞれ違っていることを認め合えるよう、時間の余裕があるときにゆったりとした気持ちで行いましょう。

近いよ、もう
ちょっと離れてね

NEXT STEP ↗

●言葉 …………大きな声・小さな声（P87）
●気持ち ………ひとり1色！ペインティング（P101）
●気持ち ………気持ち絵カード（P109）
●行動 …………みんな協力！ハンドベル（P126）
●自己認知 ……どうしたかったのかな？（P159）

トレーニング 2

これは許せる？

➡別冊 P.30

ねらい

されてうれしいことやいやだと思うこと、許容できる程度は人によって違うことを学びます。立場によっても感じ方や考え方が違ってくることも理解させていきます。先に自分が許容できる範囲を伝えておく姿勢も教えましょう。

対象

保・幼　小・低学年　小・中学年　小・高学年　中学校

個別　小グループ　クラス全体

やり方

❶「アイスクリームをひと口ちょうだいと言われたら、どんな気持ちになりますか」と聞き、答えを確認します。「ひと口ちょうだいと言われてどう思うかは、人によって違います。あげたくない人もいますね」と言います。

❷ 子どもを「あげる人」「分けてもらう人」に分け、あげる側ともらう側でひと口の量がどう異なるかをみんなで考えます。話し合った内容をグループごとに発表してもらい、人や立場によって、感じ方や考え方がいろいろあることを理解させていきます。また、あげる側は「少しだけだよ」などと、食べて許せる範囲を先に示したり、自分の気持ちを伝えたりしておくとよいことを伝えます。

ひと口ってどのくらいかな？
ひと口といっても、みんな思っていることが違いますね
大
中
小

ポイント 結果的に相手に不快な思いをさせたらすぐに謝ること、謝られたらきちんと許すことも教えていきましょう。

般化のポイント

結果的に相手を不快な気持ちにさせてしまって謝っている場面や、それを許している場面があれば、すかさずほめます。そして、こうした経験を積み重ねて、少しずつ相手のことを知っていくことが大切であると伝えましょう。

またひとつお互いのことを知ることができたね
ゴメン
いいよ

NEXT STEP

- 言葉 …………… 意見交換をしよう（P65）
- 気持ち ………… 遊びの取り換えっこ（P97）
- 自己認知 ……… あなたはどっち？（P148）
- 自己認知 ……… 気持ちをはかってみよう（P169）

トレーニング 3

謝ったら許してあげよう

ねらい

謝られたら、相手を許す練習です。「ごめんね」と言われたら「いいよ」「大丈夫だよ」と言うことでコミュニケーションが円滑になることを学びます。双方の子どもや周りの子どもから事情を聞いたうえで行いましょう。

対象

保・幼　小・低学年　小・中学年　小・高学年　中学校

個別　小グループ　クラス全体

やり方

❶ 相手が謝っていても許せずに怒っている子どもがいたら、まず離れたところで落ち着かせます。そして、双方や周りの子どもから事情をよく聞きます。

❷ 事情を聞いたうえで、怒っている子どもに「いやだったんだね。わかるよ」とまず気持ちを受け止めます。そのうえで、「でも、『ごめんね』って言って謝っていたよね。仲直りして、また一緒に遊びたいと思っているみたいだよ」とけんかの相手の気持ちを代弁しましょう。そして「自分も間違ってしまうこと、あるよね。謝っても許してもらえなかったら、悲しいよね」と言い、謝ったら許してあげることが大切だと伝えましょう。

ポイント 相手の気持ちを代弁することで気持ちを切り替えやすくします。少しずつ相手の立場に立って考えられるようにしましょう。

○○君は「ごめんね」って言って謝っていたね。○○君は仲直りしたいと思っていると思うよ

般化のポイント

相手にいやな思いをさせてしまったら、きちんと謝ること、謝られたら許してあげることを約束するようにします。約束が守れたら、双方をしっかりほめましょう。

ちゃんと謝れたのも、許してあげられたのもえらかったね

NEXT STEP ↗

- ●言葉 …………ドキドキ！ばくだんリレー（P57）
- ●言葉 …………どっちがうれしい？（P85）
- ●気持ち ………ここで深呼吸（P93）
- ●自己認知 ……短所は長所（P150）

トレーニング 4

断ってみよう

➡別冊 P.32

ねらい

いやなことやできないことを要求されたとき、どんな言葉で断るかを教え、ロールプレイで練習します。いやなことはいやだと、自分の気持ちをはっきりと伝えられるようにします。

対象

保・幼　小・低学年　小・中学年　小・高学年　中学校

個別　小グループ　クラス全体

やり方

❶「砂場で寝てみて」と子どもが言っている絵カードを用意します。「砂場だと服が汚れてしまうので、やりたくないよね。友だちにこんなふうに言われたらどうしますか」と聞きます。どう返事をしたらよいか、考えてもらいましょう。

❷「いやだよ」などと、要求を断る言葉を言えたら、しっかりとほめましょう。そして、どうしてそう思ったのかを聞きます。そのうえで、「自分がいやだと思ったことを伝えられましたね。いやなときは、友だちが『やって』と言っても、その通りにせず、『いやだよ』と断りましょう」と話し、練習をします。

ポイント 断らなければいけない理由もしっかりと説明し、断ることが悪いことではないことを教えます。いろいろなシチュエーションの絵カードで練習してみましょう。

般化のポイント

人はわざといたずらをして、無理なことを言うことがあること、そういうときは、たとえ顔は笑っていても、困らせようという心をもっているのだということも併せて教えていきます。仲よくなるためにわざと冗談を言うことがあること、冗談を真に受けないことも大切だと伝えます。

NEXT STEP ↗

- 言葉 …………… 選んでみよう（P61）
- 言葉 …………… 意見交換をしよう（P65）
- 行動 …………… あの人だったらどうする？（P139）
- 自己認知 ……… うれしい言葉（P147）
- 自己認知 ……… 苦手について考えよう（P160）

トレーニング 5 いやな気持ちは袋に捨てよう

ねらい

許したり、受け入れたりするとき、すぐに切り替えられず、自分の気持ちを発散させる必要があることもあります。感情を発散するやり方を教え、気持ちをすっきりさせられるようにします。袋に入れて捨てる行為で気持ちの切り替えがしやすくなります。

対象

保・幼　小・低学年　小・中学年

個別

やり方

1 相手を受け入れたり、許したりしても、気持ちがすっきりせず、切り替えが上手にできない子どもがいたら、「イライラ・いやな気持ち」と書いたビニール袋など小さな袋を渡します。そして、「今、言いたいことをこの袋のなかに言ってみましょう。イライラするいやな気持ちやよくない言葉はこのなかに吐き出して、すっきりしよう」と促します。

2 子どもがいやな気持ちを吐き出せたら、「そうなんだね。本当はいやだよね。でも、ちゃんと許してあげてえらいね」と、いやな気持ちを受け止め、受け入れようとしていることをほめます。そして、「じゃあ、このいやな気持ちは袋に閉じ込めて捨ててしまおうね」と言って、一緒に捨てます。

ポイント ビニール袋に「イライラ・いやな気持ち」と表示しておくことで、子どもがその気持ちに注目できます。ビニール袋のなかに言えば、周りにはあまり聞こえませんし、大きい声を出すことで気持ちが発散できます。

般化のポイント

納得して気持ちをリセットできているか、子どもの様子をよく見るようにします。だんだんと袋は使わず、フーッと深呼吸をして捨てられるようにしていきます。そのときの気持ちを紙に書いて破いて捨ててもいいでしょう。

NEXT STEP ↗

- ●言葉 …………ふわっと言葉・ちくちく言葉（P86）
- ●気持ち ………3つだけやってみよう（P91）
- ●気持ち ………リラックスのお守りとおまじない（P94）
- ●自己認知 ………気持ちをはかってみよう（P169）

気持ち

相手

相手の表情から気持ちを読み取る

相手の表情から気持ちを読みとるのが苦手な子どもがいます。相手の顔のどこに注目するかなど、具体的に教え、練習をします。

事例

- 相手を傷つけるような発言をする
- 友だちを励ましたり、慰めたりできない
- 相手がいやがることを平気でする

【考えられる要因】

- 相手を傷つける言葉だと気づかない
- 想像力が乏しく、相手の表情から気持ちを読み取れない
- 人の顔の表情や言葉に関心がない
- 相手の気持ちに合った対応のしかたを知らない

単純化した顔で表情を読み取るこつを学びます

相手の表情から、人の心情を読み取り、一緒によろこんだり悲しんだりすることは相互的なかかわりのなかでは大切なことです。相手の表情はその人の気持ちを理解するうえでとても重要な情報源となります。けれど、コミュニケーション力や想像力が十分でないために、人の表情を見てもその人の気持ちを読み取ることが難しい子がいます。

表情を表す絵カードやゲームなどを通じて、相手の気持ちを読み取るこつを教えましょう。そして、表情から読み取った相手の気持ちに寄り添った行動をとることを学び、練習しながらコミュニケーションスキルを養います。

トレーニング 1 気持ち絵カード

➡別冊 P.34

ねらい

さまざまな表情の絵カードを見て、顔のどこに注目すればいいか、表情ごとの特徴を具体的に教え、そのうえで、読み取りの練習をしていきます。

対象

保・幼　小・低学年　小・中学年　小・高学年　中学校

個別　小グループ　クラス全体

やり方

❶ 子どもに笑顔、泣き顔、怒った顔など、いろいろな表情の絵カードを見せます。「この絵の人は、どんな気持ちだと思いますか」と聞いて、子どもに答えてもらいます。

❷ 繰り返し、いろいろな絵カードを見せ、それぞれどんな気持ちを表しているかを確認していきます。どうしてそう思ったか、どこに注目したのかも答えてもらいましょう。複数の絵カードを同時に見せて、どこが違うかを比較させ、注目するポイントを教えるのもよいでしょう。

ポイント 実際の人の顔では表情がわかりにくいので、顔をできるだけ単純化して、喜怒哀楽を強調させたものからスタートします。慣れてきたら、どうしてその表情になっているかを想像してもらうと、想像力も養えます。

この人はどんな
気持ちだと思う？　どこを見る
とわかるかな。どうしてこんな
顔していると思う？
困っている顔。
目がたれ目になって
いるよ。宝物をなくし
ちゃったのかな

般化のポイント

普段から教師自身が表情を豊かに子どもと接するようにします。怒るときは眉毛に指を当てたり、悲しいことを伝えるときは、指で目尻を下げて、たれ目にしたりして、表情を強調するようにします。

NEXT STEP ↗

- 言葉…………どっちがうれしい？（P85）
- 言葉…………鏡を見てみよう（P89）
- 行動…………お顔を見てみよう（P119）
- 自己認知………後ろはどうかな？（P153）

トレーニング 2
いろいろな顔を鏡で見よう

ねらい

実際の人の顔で表情を確認する練習です。鏡に映る自分の顔を見て、喜怒哀楽によって人がどんな表情になるかを確認します。また、自分の顔を客観的に見られるので、自分自身の振り返りにも有効です。

対象

保・幼　小・低学年　小・中学年　小・高学年　中学校

個別　小グループ　クラス全体

やり方

❶ 子ども一人ひとりに鏡を用意します。はじめに自分の顔を確認してもらいます。次に「これから先生がいろいろなお話をします。もし自分が主人公だったらどんな顔をしていると思うか、やってみましょう」と説明します。いろいろな場面を具体的に挙げ、子どもに表情をつくってもらいます。

❷ 「今の顔を鏡で見てみましょう。眉毛はどうなっていますか。目や口はどうなっていますか」と聞いて、鏡に映る自分の顔を確認させます。「うれしい顔は口の端が上がっていますね」などと顔の特徴も言葉で伝えます。

ポイント 複数で取り組むときは、周りの友だちの表情も一緒に確認します。国語の物語文などで、登場人物の表情を表現してもらうのもよいでしょう。

お母さんが好きなお菓子をおやつにくれました。どんな顔をしますか。お菓子をもらったらうれしいね。うれしい顔は口の端が上がっていますね

般化のポイント

教室に大きめの鏡を用意しておき、楽しいとき、悲しいとき、怒っているときに、自分の顔を確認できるようにしておくのもよいでしょう。教師は気づいたときに、「鏡を見て自分の表情を確認してごらん」と促します。

どんな表情になっているかな

NEXT STEP ↗

● 言葉 …………どっちがうれしい？（P85）

● 気持ち ………触れ合い遊び（P113）

トレーニング3 言葉かけカルタ

➡別冊 P.36

ねらい
相手の表情と、表情に合わせた言葉かけを学びます。相手の表情に合わせてどんな言葉をかけたらいいかを考え、日常でも使えるようにします。

対象
保・幼　小・低学年　小・中学年　小・高学年　中学校
個別　小グループ　クラス全体

やり方

❶ 4～6人のグループをつくります。机の上にいろいろな場面を描いた絵カードを並べておきます。教師がカルタの読み手になります。「これから先生が言う言葉をかけてあげたい人のカードを取ってください。たくさんカードを取れた人が勝ちです」とルールを説明します。

❷ 教師が言葉かけのお題を言います。どの絵カードの子に対する言葉かけか、子どもたちは絵カードのなかから選んで取ります。お題ごとに、正解のカードを確認していきます。多くのカードを取った子が勝ちです。

ポイント 言葉を書いたカードを机に並べて、絵カードの子どもの状況をお題にするなど、ルールを変えてもカルタが取れるようにします。また神経衰弱のようにペアとなるカードを引いて遊ぶのもよいでしょう。

般化のポイント

正解のカードを確認するときに、絵カードの子どもの状況や、ほかにどんな言葉をかけたらよいか、どんな表情で声をかけるか、ほかにその言葉かけをしたい場面があるかなども確認します。ロールプレイで練習するのもよいでしょう。

NEXT STEP ↗

●言葉 …………ドキドキ！ばくだんリレー（P57）
●言葉 …………続きを言ってみよう（P74）
●行動 …………指名あいさつゲーム（P122）
●自己認知 ………協力してやってみよう（P163）

気持ち

相互

相手の気持ちを想像し、共感する

人に関心がなく、相手の気持ちに共感できない子がいます。自分に置き換えて考えられるように支援します。

事例

- 友だちとのかかわりが少ない
- 友だちを強く押したり、叩いたりする
- 相手がいやがることをする
- 発言したり質問に答えたりするのが苦手

【考えられる要因】

+ 他人に興味がない
+ 感覚鈍麻があり、力加減がわからない
+ 想像力が乏しく、相手の気持ちがわからない
+ 相手の要求に応える意欲がない

人とかかわる機会を増やすことから

人とよい人間関係を築き、信頼関係を深めるには、相手の気持ちを想像し、相手に共感することが大切です。

しかし、相手の状況を自分に置き換えて考えたり、自分以外の人の気持ちを想像したりすることが難しい子どもがいます。また、感覚鈍麻があり、力加減がわからない子どももいます。

そういった傾向のある子どもは、人とかかわる経験が少ないことが多いので、まずは人とかかわる機会を意図的に多く設定します。そのうえで、相手の気持ちを教師が代弁しながら、想像できるようにします。

トレーニング 1 触れ合い遊び

ねらい

人とのかかわりが少ない子どもは、実際に人と触れ合う機会も少ないものです。まずは手やからだが触れ合う遊びを通じて、人の感触や体温などを体感できるようにし、人と触れ合う機会をつくり、興味をもてるようにします。

対象

保・幼　小・低学年　小・中学年
小・高学年　中学校

個別　小グループ　クラス全体

やり方

音がしないようにやさしくハイタッチします
バシッ

① 子どもを２列に並ばせます。「やさしいハイタッチをします。先頭の人は『やあ』と言って次の人にハイタッチします。音がしないようにやさしくしましょう。次の人も同じようにします。順番にやって最後まで早くハイタッチができたグループの勝ちです」と説明します。

② 次に子どもにペアになってもらい、ストレッチをしてもらいます。ひとりに足を伸ばした姿勢で床に座ってもらい前屈をします。ペアの子どもはその背中を優しくさすります。役割を交代したり、ペアを変えたりして何度か繰り返して行います。

ポイント 遊びの時間や体育の授業の始めなどに取り入れるとよいでしょう。人と触れ合う遊びで、人の感触や体温を感じるところから始めます。触れられるのをいやがる子には、からだのどこだったら触っても大丈夫かを聞いて、少しずつできるようにします。直接触れるのが苦手な場合は、厚紙でつくった手形で互いのからだに触れ合うところから始めましょう。触れ合って遊ぶのが楽しいと感じられるようにします。

般化のポイント

腕相撲や二人羽織、二人三脚など、触れ合ってできる遊びや競技を普段の活動から取り入れていきましょう。からだが触れ合うことで、信頼関係もできていきます。教師も積極的に参加するとよいでしょう。

1
2
2
1
1
2

NEXT STEP ↗

●言葉 …………サインであいさつ（P55）
●言葉 …………会話のキャッチボール（P71）
●気持ち ………気持ち絵カード（P109）
●行動 …………店員さんごっこ（P123）

トレーニング 2

力加減を調べよう

ねらい

人にどの程度の力で触れればよいかがわからない子には、粘土などを使って押す力が強すぎるとものが変形することを視覚的に理解させます。それによって人に対する力加減を意識できるようにします。

対象

保・幼　小・低学年　小・中学年　小・高学年　中学校

個別　小グループ　クラス全体

やり方

❶ ひとりひとつ、柔らかめの粘土を配ります。机の上に粘土を置いて「力の強さを試しましょう。思い切りぐっと押してみてください」と説明し、子どもに強く押してもらいます。

❷ 変形した粘土を見せ「強い力で押すとへこんでしまいます。もし友だちをこの強さで叩いたら、きっと痛いですね。ケガをしてしまうかもしれません」と教えます。粘土を元の形に戻し、「では、どのくらいの力で友だちに触ったらいいかな。粘土を優しく押してみましょう」と声をかけます。優しく押せたら「この粘土がへこまないくらいの力なら、きっと友だちも痛くないよね。この力加減をよく覚えておいてね」と言い、力加減を理解させます。

ポイント 柔らかめの粘土で、粘土が変形するところを見せることが大切です。粘土で力加減がわかったら、友だち同士で練習するのもよいでしょう。

友だちのからだ
だったら、へこんでしまったら
大変だよ。もっと優しく
触れてあげようね

般化のポイント

人に対してだけでなく、道具を扱う場合も、優しい力でていねいに扱うことを教えましょう。力が強すぎるときは、「優しく使ってあげないと壊れてしまうよ。道具がかわいそうだよ」などと、ものの気持ちを代弁してあげましょう。

優しく使って
あげないとノートが
かわいそうだよ
ぐしゃぐしゃ

NEXT STEP ↗

- 言葉 …………ふわっと言葉・ちくちく言葉（P86）
- 言葉 …………大きな声・小さな声（P87）
- 気持ち ………パーソナルスペース（P103）
- 行動 …………忍者タイム（P137）

トレーニング 3 みんな同じに見えている?

ねらい

同じものをいろいろな角度から見ることで、人や立場によって見え方が異なることを学びます。視点を変えて考えたり、想像したりする練習にもなります。

対象

保・幼　小・低学年　小・中学年　小・高学年　中学校

個別　小グループ　クラス全体

やり方

❶ 色の違う柱が3本立っている図を見せ、立つ位置によって、柱の見え方がどう変わるかを考えてもらいます。いろいろな位置から柱がどのように見えるか、実際に絵に描いてもらいます。

❷ 実際に柱を用意して、答え合わせをしましょう。そのうえで、立つ位置(視点、立場)が違うと、同じものでも違って見えること、ものごとを見るときには、一方向から見るのではなく、いろいろな視点で見るようにすることが大切であること、自分と友だちとでは視点が違うことを伝えましょう。

ポイント 園や小学校低学年では、柱ではなく、子どもが興味をもちそうなおもちゃやぬいぐるみなどをいろいろな方向から見ることから始めます。

般化のポイント

学級活動の話し合いや授業中の討論会などの活動の前に取り組むと、実際の活動のときに、複数の視点からものごとを考えることを意識できるようになります。活動のウォーミングアップにもなり、話し合いが活発になります。

NEXT STEP ↗

●言葉 …………意見交換をしよう(P65)
●言葉 …………いいところをみつけよう!(P88)
●行動 …………みんな協力!ハンドベル(P126)
●自己認知 ……うれしい言葉(P147)
●自己認知 ……みんなどう思っているかな?(P168)

トレーニング 4 励ましてあげよう

➡別冊 P.36

ねらい
励ますということについて考えてもらいます。そのうえで、自分より年下の子どもや立場の弱い子どもをどうすれば励ますことができるかを考えることで、人を思いやり、相手に共感することを学びます。

対象
保・幼　小・低学年　小・中学年　小・高学年　中学校

個別　小グループ　クラス全体

やり方

1 その子より小さい子が泣いている絵カードを見せます。「この子は泣いていますね。励ますにはどうしたらよいでしょうか。励ますってどういうことかな」と聞きます。

ポイント 「相手を元気にすること」「うれしい気持ちにすること」などの意見を出してもらいます。具体例では、自分よりも小さい、弱い立場の子どもについて考えさせるのがポイントです。小さい子どもには自然と共感したり、優しくしたりできるものです。

2 泣いている理由と、その場合にどう励ましたらよいかを答えてもらいます。ヒントを出して「わかるよ」「私もそういうことあったよ」などの言葉を引き出します。

3 最後に、「みんな自分の考えや思ったことに『わかるよ』と言ってもらえるとうれしいよね。友だちと一緒に遊んだり勉強したりするときも、共感してあげたら、相手はよろこぶと思うよ」と、相手の立場で考え、共感することの大切さを伝えましょう。

般化のポイント

実際の場面でも、人に優しくしたり、励ましたり、共感している場面があれば、よくほめるようにします。また、優しくされた子どもの気持ちを「よかったね。うれしいね」と代弁して伝えてあげましょう。

励ましてあげてえらいね、優しいね。共感してもらえてうれしいね
Good!

NEXT STEP ↗

- 言葉 …………ドキドキ！ばくだんリレー（P57）
- 言葉 …………どっちがうれしい？（P85）
- 行動 …………店員さんごっこ（P123）
- 自己認知 ………うれしい言葉（P147）

トレーニング 5 多数決ゲーム

ねらい

できるだけ多くの人の共感を得たほうが勝つゲームで、周りの人のことをよく考えるトレーニングをします。自分の意見を押しつけるのではなく、共感してもらえるように想像力を働かせます。

対象

保・幼　小・低学年　小・中学年　小・高学年　中学校

個別　小グループ　クラス全体

やり方

❶「賛成または反対で答えられる質問を考えて、みんなの前で発表してもらいます。賛成した人数が一番多い人が勝ちです。できるだけ多くの人に賛成と言ってもらえる質問を考えてみましょう」と指示し、テーマを提示して質問を考えてもらいます。自分の意見よりも、ほかの人がどう思うかをよく想像して質問を考えてもらいます。

❷ 質問ができたら、発表してもらいます。賛成の人数が多い質問をした人が勝ちです。

ポイント イメージしたり、自分で考えたり決めたりすることが苦手な子どももいます。「好きなスポーツといえば」「新学期といえば」などテーマを決め、質問を考えてもらうとよいでしょう。参加人数が多いときはチーム戦にします。歴史上の人物、星など、学習内容をテーマにすると授業に取り入れられます。慣れてきたら、反対に人と答えが一致しない選択肢を考えてもらって、賛成者が少ない人が勝ちというルールにしても楽しめます。

般化のポイント

クラスやグループで話し合いをするときは、意見を言ったら必ず「みなさんどうですか」と意見を聞く、というルールをつくっておきましょう。周りの意見を聞き、周りから理解を得ようとする習慣づけにつながります。

NEXT STEP ↗

●言葉 …………選んでみよう（P61）
●言葉 …………たくさん言えるかな？（P70）
●気持ち ………パーソナルスペース（P103）
●行動 …………あの人だったらどうする？（P139）

行動

相手

相手を意識する、気遣う

友だちや自分の周りの人に意識が向かない子どももいます。相手を意識する習慣をつけ、人とかかわるところから始めます。

事例

- ひとり遊びが好きで人とのかかわりが少ない
- こんにちは、ありがとうなどの声かけができない
- 友だちが使っているものを取ってしまう
- 視線が合わない
- 友だちがいやがることを言う

【考えられる要因】

+ 人への関心が低く、相手に注目できていない
+ 友だちの存在を意識していない
+ 話しかけられていることに気づかない
+ 相手の気持ちや表情を読み取れない

人の顔に注目させることから始めます

人とかかわることが少なく、友だちや大人が近くにいてもあまり気にしない子どもや、集団での遊びに加わろうとしない子どもがいます。友だちの顔や名前を覚えない子、人と視線を合わせない子もいます。

人とコミュニケーションをとったり、よい関係を築いたりするためには、周りにいる人を意識し、関心を向けることが必要ですが、それらが自然にはできない子どもがいます。そのため、まずは人とかかわる機会を意図的につくっていくところから始めることが必要です。

早い段階から周りの人の存在に気づけるように支援します。

トレーニング1　お顔を見てみよう

ねらい

教師や友だちの顔をよく見せて、まずは人の顔に興味をもたせます。見るだけでなく、手で顔に優しく触れると親近感をもちやすくなります。人の顔が視界に入る機会を増やしていきましょう。

対象

保・幼　小・低学年　小・中学年　小・高学年　中学校

個別　小グループ　クラス全体

やり方

❶ 子どもと向き合って、目線が同じ高さになるように座ります。「先生の顔をよく見てくださいね。優しく、ゆっくり触ってみましょう」と言って、子どもの手を取り、教師の顔に触らせます。「そこは目ですね」「その出ているところは鼻ですね」などと、触っている場所が何であるかも伝えていきましょう。

❷ 一通り顔を触って、パーツの名前がわかったら、「先生の口はどこでしょう？」「鼻はどこにありますか？」とたずねます。子どもがしっかりと顔を見て指さしたり、触ったりできたらほめましょう。最後に「目はどこにあるでしょう」と聞き、視線を合わせられるようにします。

ポイント 視線が合わない子どもは、視線を合わせることに不安を感じているのかもしれません。顔に触れてもらうことで体温が伝わると、安心しやすくなります。触れることに警戒を見せる子どもの場合は、顔からではなく頭や肩から触れたり、目の前で積み木を高く積んでいくなどの共同遊びを行い、うまくできたときにハイタッチをするなど、かかわりや触れ合いをもてるようにします。そのなかで少しずつ視線を合わせ、相手の表情に注目できるようにしていきます。

般化のポイント

朝の登園・登校時や、帰りのあいさつのときに、しっかりと子どもと目を合わせてあいさつをするようにします。両手で顔を覆い、「いないいないばあ」のように変顔ごっこをしてみるのもよいでしょう。また、話している途中でも目が合ったら「目が合うとうれしいね」と声をかけます。

NEXT STEP ↗

●言葉 ………サインであいさつ（P55）
●気持ち ……気持ち絵カード（109）
●行動 ………みんなで動いてみよう（P141）

トレーニング 2

お願いしてみよう

ねらい

子どもが自分だけではできない場面を提示して、教師や年長者への「お願い」を誘導します。お願いすることを通じて人とのかかわりを増やしながら、相手の存在に気づいたり、意識したりできるように促しましょう。

対象

保・幼　小・低学年　小・中学年
小・高学年　中学校

個別　小グループ　クラス全体

やり方

❶ 子どもの好きなおもちゃやものを、あえて子どもの手の届かない高い場所や、あらかじめ何が入っているのかを絵や文字で示した棚などに鍵をかけた状態で入れておきます。子どもから見えるけれど、取れない場所がよいでしょう。

❷ 好きなおもちゃがある場所を指さして「○○はあそこに入っています。使いたいときは教えてください。『○○を取ってください』と言ってくれたら、すぐに取って渡しますよ」と伝えます。

❸ 上手にお願いができたら、おもちゃを子どもに渡し、しっかりと目を見て、「上手にお願いができましたね。えらいね」とほめて一緒によろこびます。取ってもらったら「ありがとう」と言うことも教えます。

ポイント 子どもが一番興味のあるおもちゃやものを使います。使い終わったら毎回そこに戻し、遊びたいときは人にお願いして取ってもらえばいいことを教えながら理解させていきます。お願いして取ってもらうことで、自然に人とのかかわりができます。

般化のポイント

小学校では当番活動などをうまく利用しましょう。登校したら、まずは担任のところに行って必要なものを受け取る、宿題を集めて職員室に届けてもらうなどの役割や、教師の手伝いをさせるとよいでしょう。

NEXT STEP

- 言葉 …………「おはよう」競争（P56）
- 言葉 …………こおり鬼（P82）
- 気持ち ………リズムに合わせて動こう（P98）
- 自己認知 ……協力してやってみよう（P163）

トレーニング 3 後ろにいるのはだあれ？

ねらい

集団での遊びを通して、人とのかかわりを増やしていきます。友だちと遊ぶことの楽しさを教えましょう。人への関心が低く、人の名前を覚えるのが苦手な子どもが多く見られます。遊びのなかで友だちの声に注目させながら、顔や名前が覚えられるようにします。

対象

保・幼　小・低学年

小グループ

やり方

❶ 5～8人の子どもで手をつなぎます。ひとりの子どもが鬼の役になり、輪のなかに座って目をつぶります。音楽をかけて、みんなで鬼の子の周りを回ります。音楽が止まったら、回るのをやめ、そのとき鬼の子の真後ろにいる子が「だあれだ？」と問いかけます。声に注目させ、考えながら名前を当てさせます。

ポイント 最初に自己紹介をしてもらうとよいでしょう。ステップアップとして、鬼以外の子どもがそれぞれひとつの動物になりきり、自己紹介のときに名前と鳴き声を示してから遊ぶのもよいでしょう。鬼の子どもは真後ろの子どもの鳴き声から、その子の名前を当てます。

よく声を聞いて
誰なのかを
当てましょう
だあれ？

❷ 鬼の子が後ろにいる子を当てられるまで、ヒントを出しながら行います。当てられたら「よくわかったね。友だちの名前を覚えられたね」とほめましょう。

般化のポイント

普段から、相手の名前をしっかりと呼ぶことを意識できるようにします。朝の出欠確認を当番制にして、子どもにお願いするのもよいでしょう。

NEXT STEP ↗

●言葉 …………グループづくり（P59）
●言葉 …………会話のキャッチボール（P71）
●気持ち ………触れ合い遊び（P113）

トレーニング 4

指名あいさつゲーム

ねらい

人とのかかわりのきっかけとなるあいさつをする経験が少なく、話しかけられていることにも気づけない子どもがいます。あいさつをされてそれに返事をしたり、自分からあいさつをすることをたくさん経験することで、周囲の人を意識できるようにします。

対象

保・幼　小・低学年　小・中学年　小・高学年　中学校

個別　小グループ　クラス全体

やり方

❶ ５～８人のグループをつくり、輪になります。教師は、「これからグループのなかで指名あいさつゲームをします。最初の人は、別の人を手で示して名前を呼んで、『○○さん、こんにちは』と言いましょう。指名された人はその人に『××さん、こんにちは』と返してから、次に別の人を指名して、『△△さん、こんにちは』と言いましょう。これを繰り返していきますよ」とやり方を教えます。

❷ スタートの合図であいさつを回していきましょう。全員に数回ずつ回ったらストップをかけます。

ポイント 指名するときは、指でさすのではなく、手で示すように指導します。指名されてさらに名前を呼ばれるので、自分に話しかけられていることがわかりやすくなります。ランダムに指名されるので、聞く力も養えます。

般化のポイント

慣れてきたら、あいさつの言葉（こんにちは、おはよう、こんばんはなど）を、指名する人が毎回変更し、指名された人は、言われた言葉に対応した返答をするというルールにすると、ワンパターンではないのでより盛り上がります。

NEXT STEP ↗

●言葉 …………ドキドキ！ばくだんリレー（P57）
●言葉 …………意見交換をしよう（P65）
●気持ち ………断ってみよう（P106）
●自己認知 ……あなたはどっち？（P148）

トレーニング 5 店員さんごっこ

ねらい

店員とお客さんという関係を生かして、相手の希望や要望を理解したり、気遣ったりすることを学びます。相手への思いやりや、期待に応えようとする気持ちを養います。

対象

小・低学年　小・中学年　小・高学年　中学校

小グループ

やり方

❶ ペアをつくり、店員役とお客さん役に分かれてもらいます。店員役にはメニュー表を渡します。

❷ 「店員役の人はお客さん役の人に『いらっしゃいませ。ご注文は何にしますか』と聞きましょう。お客さん役の人はメニュー表のなかから好きなものを注文してくださいね。注文を聞いたら、店員さんは注文を繰り返して、ほかに注文がないかを確認しましょう。なんと聞いてあげたらいいか工夫してみてね」とルールを説明します。

❸ 子どもがやりとりをしている間、教師は子どもの間を回って、どんな言葉で聞いているかを確認します。「ほかにご注文はありませんか」「一緒に○○はどうですか」などの声をかけられている場面があったら、「よい気遣いができたね」とほめ、周りの子どもにも紹介してあげましょう。役割やペアを交代しながら行います。

一緒にポテトはいかがですか
じゃあください
みんな、○○ちゃんは「いっしょにポテトはいかがですか」って聞いていたよ。いい聞き方だね

ポイント 年齢に応じて、注文するものの数を増やしたり、お店を変更したりして楽しめるようにします。

般化のポイント

教師も含めて、普段の活動から「ほかに意見はありませんか」「これでいいですか」などと、周りを気遣う言葉かけをするようにしていきます。子どもが相手を気遣う場面が見られたら、積極的にほめましょう。

NEXT STEP ↗

●言葉 ……… いろいろな「ありがとう」（P58）
●言葉 ……… どっちがうれしい？（P85）
●気持ち ……… 言葉かけカルタ（P111）
●自己認知 ……… けんかした子のよいところは？（P164）

行動

自分

ルールを理解し、守る

遊びや日常生活のルールが守れない子どももがいます。遊びを通してルールの内容を理解させ、それを守ることの大切さも伝えていきます。

ルールを守って楽しく遊ぶ経験を積みましょう

遊びのルールや順番を守れないために、友だちとトラブルになってしまう子がいます。また、人とかかわるときのルールに気づいていないこともあります。

まずはルールを守ることの大切さ、ルールを守ると楽しく、トラブルにならずに人とかかわれることを伝えていきましょう。ルールを守ることの意味がわかると、守れるようになることがあります。

また、ルールの内容を理解できていなかったり、記憶することが難しく忘れてしまったりする子がいます。具体的に、わかりやすく提示する、直前にみんなで確認する、ルールを破りそうな場面では声をかけるなどを工夫します。

事例

- 遊びや日常生活でのルールを守れない
- 約束や時間、順番を守れない
- 敬語が使えない
- 集団での話し合いが難しい
- 当番活動や係活動ができない

【考えられる要因】

+ ルールや順番などを守らなくてはいけないことがわかっていない
+ ルールの内容が理解できていない
+ ルールを忘れてしまう
+ 自分の気持ちを抑えられず、優先してしまう

トレーニング1 風船バレー

ねらい

ルールを守ると楽しく遊べることを実感させ、ルールを守ることや順番を待つことの大切さを学びます。また、集中力を養う練習にもなります。

対象

保・幼　小・低学年　小・中学年　小・高学年　中学校

個別　小グループ　クラス全体

やり方

① いろいろな色の風船をいくつか用意します。子どもにも風船と同じ色の紙をひとり１枚ずつ配っておきます。教師と子どもが向き合って立ちます。「自分の色の風船が来たら打ち返してください。違う色の風船を打ってしまったら、１分お休みです。端で待ちましょう」とルールを説明します。

② スタートの合図で、教師が風船を子どもたちに向かって打ちます。「○色の風船ですよ」などと声をかけながら進めましょう。自分の色の風船をしっかり見て打ち返せたら、よくほめます。違う色の風船を打ちそうになっている子どもがいたら、名前を呼んで子どもが自分で気づけるようにします。それでも違う色の風船を打ってしまったら、「持っている紙と同じ色の風船を打つルールだったよね。１分間お休みだよ」と言って注意し、１分経ったら、その子の名前を呼びその子の色の風船を打ちましょう。

自分は何色だったかな。
えらいね、
ルールを守れたね

ポイント ルールが理解しづらい子や守れない子の色の風船を前半で多めに打ちます。後半に向かって徐々に頻度を下げて、待つ時間をつくっていきましょう。

般化のポイント

日常生活でもルールを忘れたり、ルールを破ってしまいそうな場面があったら、教師が先回りして声をかけて、ルールに気づかせます。そして、ルールが守れたらよくほめます。

自分で
気づけたね
えらいね
ろうかは
あるき
ましょう

NEXT STEP ↗

●言葉 …………ドキドキ！ ばくだんリレー（P57）
●気持ち ………遊びの 取り換えっこ（P97）
●気持ち ………パーソナルスペース（P103）
●自己認知 ……あなたはどっち？（P148）

トレーニング 2

みんな協力！ ハンドベル

ねらい

ルールに従ってみんなで美しい音やメロディーを奏でることを経験させます。ルールを守り、みんなで協力してひとつのことをやるよろこびを感じられるようにします。みんながよく知っている曲を選ぶことで、より達成感が味わえます。

対象

保・幼　小・低学年　小・中学年　小・高学年　中学校

個別　小グループ　クラス全体

やり方

❶ 7人の子どもでひとりひとつずつハンドベルを持ちます。はじめにハンドベルがどんな音を出すのか、自分や友だちのハンドベルからどんな音が出るのかを、それぞれで確認してもらいましょう。

ポイント 演奏中に子どもが遊んでしまわないように、曲の演奏を始める前に、ハンドベルでしっかり遊ぶ時間をとることが大切です。

楽譜の順番通りにベルを鳴らすと、みんなが知っている曲になります。順番を守って、何の曲か当ててみましょう

❷ ハンドベルの楽譜を大きく貼りだします。「これからみんなでハンドベルを使って演奏します。楽譜にある順番でベルを鳴らすと、みんなが知っている曲になりますよ。順番ではないときに鳴らしてしまうと何の曲かわからなくなってしまうから、よく指示を聞いてね」と声をかけます。間違って鳴らしてしまったらベルを押さえて音を止めることも教えます。

❸ 教師が指示を出しながら、曲を演奏します。最後に、何の曲だったかを確認しましょう。

般化のポイント

簡単な曲の1フレーズから始めます。少しずつ曲を長くしたり、いろいろな曲に挑戦して楽しみます。さらに、カスタネットやトライアングルなどの身近な楽器を加えて、みんなで協力して演奏することの楽しさも感じられるようにします。

NEXT STEP ↗

- 言葉 …………グループづくり（P59）
- 言葉 …………教えて！なぞなぞゲーム（P83）
- 気持ち ………ひとり1色！ペインティング（P101）
- 自己認知 ……協力してやってみよう（P163）

トレーニング 3 整理券、あなたは何番？

ねらい
待ったり並んだりするのが苦手な子どもに整理券を渡して、順番を待つことに慣れるところから始めます。番号を見れば後どのくらいで自分の順番になるかがわかるため、待ちやすくなります。順番を守るというルールがわかるように支援しましょう。

対象
保・幼　小・低学年　小・中学年　小・高学年　中学校
個別　小グループ　クラス全体

やり方

❶ 5〜8人のグループになり、ひとり1枚ずつ番号が書かれた整理券を渡します。一番の人から順に並んでもらい、「順番に番号を呼びますから、呼ばれたら先生のところに来てくださいね」とルールを説明します。

❷ ルールが理解できたら、教師が順番に番号を呼び、シールなどのごほうびと整理券を交換します。「きちんと順番を守れましたね。えらいね」とほめます。全員が終わったら、「みんなが同時にはできないことがあります。トイレがそうですし、ブランコや滑り台でもそうですね。そういうときは、はじめに来た人から順番を待つのがルールです」とルールを確認します。

ポイント 給食のデザートなどを整理券と交換するようにしてもよいでしょう。順番を待つのが苦手な子には、はじめは小さい番号を渡して待つ時間を短くします。少しずつ大きい番号にして、待てる時間を延ばしていきます。

行動

般化のポイント

実際の場面で整理券がないときには、前から順に何番かを数えるように教え、待つことができるように支援します。

NEXT STEP ↗

●言葉 ……… 会話のキャッチボール（P71）
●言葉 ……… 連想ゲーム（P77）
●気持ち ……… 3つだけやってみよう（P91）
●気持ち ……… 何度もできるいす取りゲーム（P100）
●自己認知 ……… 後ろはどうかな？（P153）

トレーニング4 内容伝達ゲーム

ねらい

友だちから伝えられた内容を理解して、覚え、人に伝える遊びで、記憶力を養います。伝言ゲームと違って、一言一句覚える必要はなく、内容を理解していれば達成できます。

対象

保・幼 小・低学年 小・中学年 小・高学年 中学校

個別 小グループ クラス全体

やり方

① 4～6人のグループをつくり、順番を決めておきます。十分に距離をとって立ってもらいましょう。「これからある指示を1番の人にだけ伝えます。指示を聞いた人は、次の人に内容を正しく伝えてください。伝えるときは、相手の名前を呼んで、『○○さん、こんにちは。これから指示を伝えます』と言ってから伝え、伝え終わったら『終了です』と必ず言いましょう。最後の人は、聞いた内容を発表して、実行してください」と説明します。

② スタートの合図で伝達ゲームを開始します。教師は子どもがルールを守って指示を伝えられているかを見守り、ルールが守れるようにフォローしましょう。最後の人は内容を聞いたら、発表して実行します。内容が伝わり、その通りに実行できたらほめます。

ポイント 声の大きさなどにも注意できるように指導します。また、正しく指示が伝わっていなくても、どこで間違えたかは追及せず、「おしかったね」と伝えて、次にチャレンジさせます。

般化のポイント

ルールを誤解している子がいたら、その場で説明します。朝の会に取り入れて、最後の列の人に宿題を回収してもらったり、整理整頓ができているか確認してもらったりするなど、日常の活動を指示にして伝えてもよいでしょう。

NEXT STEP ↗

- 言葉 …………言葉探しゲーム（P62）
- 言葉 …………箱の中身は何だろう？（P80）
- 行動 …………電車ごっこ（P142）
- 自己認知 ………協力してやってみよう（P163）

トレーニング 5 目上の人と話すときは？

ねらい

相手の言った言葉をていねいな言葉に置き換える遊びです。ていねい語から始めて、敬語の使い方も学んでいきます。

対象

保・幼　小・低学年　小・中学年　小・高学年　中学校

個別　小グループ　クラス全体

やり方

❶ 黒板に5～6個の言葉を書いておきます。「目上の人と話すときと、友だちに話すとき、同じ言葉は使いませんね。目上の人と話すときは、ていねいな言葉を使わなければいけません。ここに書かれた言葉をていねいに言うには、何と言いますか」と質問しましょう。子どもにていねいな言葉の表現を発表してもらいましょう。正しい表現が出たら、全員でそれを声に出して練習し、リハーサルをします。

❷ 次に友だちとペアをつくってもらいます。誕生日が早い人が目上の人になって、練習します。黒板に書かれた言葉を使って、それぞれで例文をつくってもらい、ロールプレイを行います。それぞれの立場を考えて、3分程度の短い劇にして、みんなの前で発表してもらうのもよいでしょう。役割を交代したり、ペアを替えたりして、繰り返し練習します。

どうしたの → どうしましたか
いつ → いつですか
すごく → とても
来て → 来てください
私は病気の人です。お腹が痛いです。とても痛いです
ここは病院で私はお医者さんです。どうしましたか

ポイント 小学校低学年ならていねい語、中学年以上になったら敬語も教えていきましょう。

般化のポイント

普段から教師がていねいな言葉や敬語を使っておくことも大切です。日常的に耳にする機会を意識してつくるようにしておきましょう。

どうしましたか

NEXT STEP ↗

●言葉 …………ドキドキ！ばくだんリレー（P57）
●言葉 …………言葉カルタ（P63）
●気持ち ………パーソナルスペース（P103）

行動

相互

行動の意図を理解し、結果を予想する

見通しを立てることが苦手で、変更をいやがったり、危険な行動をとったりする子がいます。見通しを立て、結果を予想する練習をします。

事例

- 危険なことをする
- 友だちがいやがることを言う
- 度が過ぎたいたずらをする
- 当番活動をやらない
- 変更をいやがったり、新しいことに対応したりするのが難しい

【考えられる要因】

- 言動の結果を意識できない
- 感覚鈍麻があり、加減がわからない
- 見通しを立てられない、目先のことにしか注目できない

行動を振り返ることから始めます

危険なことをしたり、暴力を振るったりする子どもがいます。見通しを立てるのが苦手で、その行動をとったらどうなるかがわからないまま行動しているのかもしれません。そういった子どもは、相手の言動の意図を理解するのも難しい傾向があるようです。

見通しを立てながら行動の結果を予想したり、相手の意図を理解して行動したりすることは、危険を回避し、自分や周りの人を守るために重要です。また、見通しを立てるスキルは、新しいことに挑戦したり、変更に対応したりするときにも役立ちます。繰り返し練習し、それらができるようにしていきましょう。

トレーニング 1 だるまさんがころんだ

ねらい

「今、動いたら鬼に捕まってしまう」「あと何回で鬼に捕まった人を助けられる」など、結果を予測しながら遊びます。遊びのなかで、自然に行動の結果や意図を意識できるようにします。

対象

保・幼　小・低学年　小・中学年　小・高学年　中学校

個別　小グループ　クラス全体

やり方

❶ 子どもにだるまさんがころんだのルールを説明します。子どもに協力してもらって、教師が実際にモデルを見せてもよいでしょう。鬼が振り向いたときに動くと鬼に捕まって、鬼の後ろに手をつないで並ばなければいけないこと、鬼に捕まっていない人が鬼が見ていないときにつないでいる手を切れば、また動けることなどをしっかりと理解させましょう。

ポイント 説明した後に、子どもに「鬼が振り向いたときに動くとどうなるかな？」などと質問するとルールを確認できます。教師が鬼をやって、声をかけながら遊ぶのもいいでしょう。

❷ ルールが理解できたら始めます。教師は一緒に参加しながら、「鬼は『だるまさんがころんだ』と言った後すぐに振り向くよ」「どうしたら友だちを助けてあげられるかな」などと、鬼の声に注目させながら、タイミングをはかれるように声をかけます。見通しを立て、予測しながら遊ぶことの楽しさを伝えていきましょう。

鬼はいつ振り向くかな。
予想しながらやってみてね

般化のポイント

だるまさんがころんだ、あぶくたったなどの遊びを休み時間にみんなで行って、展開のある遊びを行う時間をつくります。体育の授業に取り入れるのもよいでしょう。

NEXT STEP ↗

●言葉 …………どっちがうれしい？（P85）
●気持ち ………タイマーが鳴るまで我慢（P92）
●気持ち ………みんな同じに見えている？（P115）

トレーニング 2

平均台じゃんけん

ねらい

チームで勝ち負けを競うゲームを通して、自分の行動が全体に影響を及ぼすことや、先のことを考えて行動することの大切さを学びます。

対象

保・幼　小・低学年　小・中学年　小・高学年　中学校

個別　小グループ　クラス全体

やり方

1 平均台じゃんけんゲームを行います。２つのチームに分かれ、それぞれ平均台の両側に並びます。各チームからひとりずつ平均台に上がって真ん中に向かって歩いていき、出会ったところでじゃんけんをします。勝った人はさらに先に進み、負けた人は降りて、次の子どもが台に上がって進み、また出会ったところでじゃんけんをします。これを繰り返し、平均台を渡り切ったチームが勝ちです。

2 じゃんけんに勝った人はすばやく平均台を進まなければいけませんし、チームメイトが負けたら次の人がすぐに平均台に上がって歩かなければいけません。教師は、子どもが次の行動を予測しながら行動の準備ができるように声をかけます。

ポイント 平均台の上を走ったり、同じチームの人が２人以上平均台に乗っていたり、相手を押しのけたりしたら負け、というルールもつくっておくとよいでしょう。安全に気をつけて行います。

チームメイトをよく見てね。負けたチームの次の人は、すぐ平均台に上がれるように準備しておきましょう

般化のポイント

次の行動を予測して準備しておくと、スムーズにできることを伝えましょう。行動の切り替えの練習にもなります。休み時間に次の授業の準備をするときも、声をかけ、次の予定を考えながら行動できるように支援します。準備できている子どもをよくほめます。

次の授業の準備ができていていいね。予測して行動できているね

NEXT STEP ↗

●言葉 ………連想ゲーム（P77）
●気持ち ……何度もできる いす取りゲーム（P100）

トレーニング 3 この後どうなる？

➡別冊 P.40

ねらい

絵カードを使って、危険な行動や意地悪な行動をするとどうなるかを考え、実際の場面でも行わないように指導します。

対象

保・幼　小・低学年　小・中学年　小・高学年　中学校

個別　小グループ　クラス全体

やり方

❶ 危険な行動が描かれた絵カードを数枚用意します。子どもにそれを見せて「この後どうなると思いますか。考えてみましょう」と声をかけ、考えさせます。

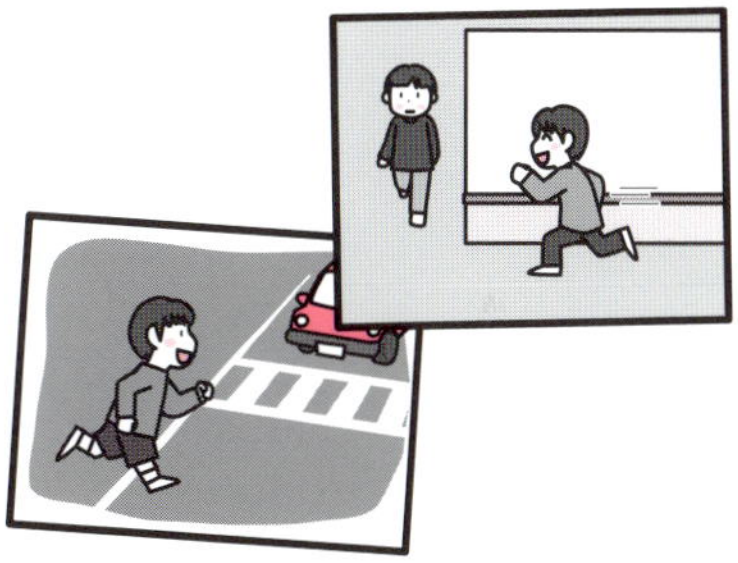

❷ 子どもに意見を出してもらいましょう。道路に子どもが飛び出すイラストなら「そうですね、車とぶつかってしまうかもしれないですね。では、ぶつかったらどうなりますか」と、その先の結果まで考えてもらいます。そのうえで「車にぶつかったら、けがをしたり、死んでしまったりします。だから、道路を渡るときには左右をよく確かめて渡ります」と、行動の結果と、どのように行動すればよいかを伝えます。

ポイント 絵カードを見せながら、「ここに車がいるね」などとヒントを出して、絵の細部にも注目できるようにします。予測できたことをほめ、どういう行動をすべきかまで、しっかり説明します。

この後どうなったでしょうか
車にぶつかります

般化のポイント

慣れてきたら、絵カードの一部を隠し、隠された部分について想像する練習もします。また、日常においても危険な行動をとりそうな場面があったら、危険を回避した後で、「どうして止めたと思う？」などと聞き、すぐに振り返りをさせることが大切です。

ここには何があると思いますか

NEXT STEP ↗

●言葉 …………続きを言ってみよう（P74）
●言葉 …………箱の中身は何だろう？（P80）
●気持ち ………これは許せる？（P104）
●自己認知 ……みんなどう思っているかな？（P168）

トレーニング 4

当番は何のためにするの？

➡別冊 P.44

ねらい

当番活動などの与えられた役割を果たせない子どもは、当番をやらないとどうなるかがわかっていないことがあります。やらないとどうなるか、自分がやっていないときに周りの友だちがどうしているか、どのように思っているかを考えさせ、知らせます。

対象

保・幼　小・低学年　小・中学年　小・高学年　中学校

個別　小グループ　クラス全体

やり方

1 きれいな教室と散らかった教室の絵カードを見せます。「掃除当番をやらないと、どうなってしまうかな」と声をかけ、考えてもらいます。

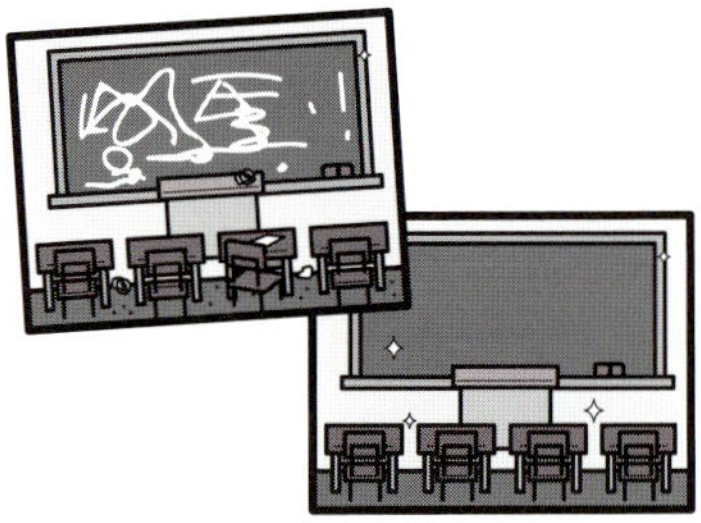

ポイント ひとりがやらないとき、2～3人がやらないとき、当番の人全員がやらないときなど、状況を提示して考えてもらいます。

2 考えたことを発表してもらいましょう。掃除当番が掃除をしなかったら教室が汚くなってしまうかもしれない、誰かがその人の分も掃除をしなければいけなくなるかもしれないなど、いろいろな可能性を考えてもらいましょう。発表した内容をもとに当番活動が大切であることを伝えます。

教室を使って汚くなったら掃除しますね。教室がきれいになっていたら、当番の人が掃除をしてくれたということです。ありがとうと言いましょうね

ポイント できていない子どもを指摘するのではなく、できるだけグループやクラス全体で結果を考えられるようにします。

般化のポイント

ほかにも給食当番や日直の仕事など、いろいろな役割について考えてもらいます。当番活動ができていない子どもには、活動内容や方法がわかっているかを確認したうえで、「やらなかったらどうなると思いますか？」「がんばってやっている人はどう思うでしょう」と質問し、子ども自身に考えさせるようにしましょう。また、当番の仕事をしてくれた人に感謝の心をもてるように促し、掃除のあとの授業や帰りの会の時間などで、感謝を伝える場をつくっていくとよいでしょう。

NEXT STEP ↗

- 言葉 ………グループづくり（P59）
- 言葉 ………どっちがうれしい？（P85）
- 気持ち ………ひとり１色！ペインティング（P101）
- 自己認知 ……協力してやってみよう（P163）

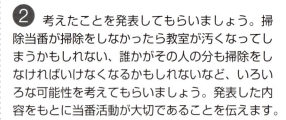

トレーニング 5 困るのは誰かな？

ねらい

ひとつの行動の結果がどうなるかを、グループ内で一人ひとり意見を述べ合い、結果を考えて行動することの大切さを学びます。グループの全員が達成できるように、助け合うことも学びましょう。

対象

保・幼　小・低学年　小・中学年　小・高学年　中学校

個別　小グループ　クラス全体

やり方

❶ 4～6名のグループをつくります。「体育の時間にグループごとにドッヂボールの勝ち抜き戦を行うとします。その集合時間に遅れたらどうなるでしょう」などのテーマを与え、グループごとに話し合ってもらいます。

ポイント テーマは、遅刻や忘れ物、当番活動など、全体の活動にかかわるものを選びます。

❷ グループで話し合ったら、グループごとにどんな意見が出たか、発表してもらいましょう。遅れてしまった人だけでなく、周りの人にも影響があることがわかるようにします。

❸ 最後に、集合時間に遅れないようにするにはどうしたらよいか、グループで話し合ってもらいます。個人で気をつけることと、クラス全体で気をつけることの両方を話し合い、発表してもらいます。

般化のポイント

話し合ったテーマを、その月のクラス全体の目標にするとよいでしょう。個人個人ががんばるだけでなく、クラス全員が目標を達成できるように、互いに声をかけ合ったり、助け合ったりできるように支援します。

NEXT STEP ↗

●言葉 ……………続きを言ってみよう（P74）
●言葉 ……………どっちがうれしい？（P85）
●気持ち …………励ましてあげよう（P116）
●自己認知 ………協力してやってみよう（P163）

行動

相互

相手の意図や場面に合わせて行動する

社会生活においては、周囲の状況にふさわしい行動が求められます。相手の意図を読み取り、期待に応えることも必要です。

事例

- 一方的に話してしまったり、人が話しているときに話したりする
- 指示に従えない
- 集団行動のときに勝手な行動をとる

【考えられる要因】

- 暗黙のルールがわかっていない
- 周囲の状況を見ていない
- 適切な状況かどうか判断をすることが難しい
- 指示に従わなくてはならないことがわかっていない

状況や相手の意図を伝えていくことから

人が話しているときはおしゃべりをしない、みんなで同意したことには従うなど、集団生活では状況に合わせた行動が求められます。それらの行動を実行するには、相手の様子や周りの状況を見て、理解して、ふさわしい行動を考え、判断し、実行しなければいけません。けれども、そうしたことが難しい子どももいます。

すぐに相手の様子や周りの状況を理解するのは難しいので、社会生活のルールを教えたうえで状況を伝え、実行できるようにすることから始めます。少しずつ相手の意図を想像したり、周りをよく観察したりする練習をして、状況に合った行動をとれるように指導しましょう。

トレーニング 1 忍者タイム

ねらい

忍者になりきるごっこ遊びで、話をしない、音を立てずに静かに行動する、息をひそめてじっとするなど、話を聞くときにとるべき態度を教えます。「忍者タイム」を教えて、どんなときに静かにするべきなのか、その都度教えながら、状況に合った行動を学んでいきます。

対象

保・幼　小・低学年　小・中学年　小・高学年　中学校

個別　小グループ　クラス全体

やり方

1 忍者になりきるゲームをします。「○○のときは？」といくつかの場面を提示し、忍者がどんなふうに行動するか、子どもにイメージを発表してもらいます。声や物音を立てない、じっと待つなどのイメージを引きだします。

ポイント 忍者の行動パターンをおきてとしていくつか貼りだしておくとよいでしょう。

忍者のおきて
①相手が話しているときはしっかり聞いて、静かにすべし！
②音を立てずに、しのび足で歩くべし！
③移動はすばやく、時間をまもるべし！

2 忍者のイメージが固まったら、みんなで忍者になりきって遊びます。最後に、「人が話しているときや先生がみんなに説明しているときは、忍者になって静かに聞かなければいけません。できるかな」などと声をかけます。

ポイント マントや厚紙などでつくった剣などを用意して、忍者になりきれるようにします。

3 普段の活動のなかで静かにしなければいけないとき、「忍者タイムだよ」と声をかけます。子どもが忍者になりきって静かにできていたら、ほめましょう。

般化のポイント

教室に忍者タイムを示すポスターを貼っておき、子ども自身が気づけるような環境をつくります。人が話しているときは「忍者のおきて①だよ」などと伝え、静かにすることを学べるようにします。

忍者タイム

NEXT STEP ↗

●言葉 ……… 会話のキャッチボール（P71）
●言葉 ……… 質問は何かな？（P76）
●気持ち …… 3つだけやってみよう（P91）
●自己認知 …… どうしたかったのかな？（P159）

トレーニング 2

上手にまねっこ

ねらい

友だちの動きを手本としてまねるゲームを通して、周囲の人の行動に注目し、相手は周りの状況を見て、それに合わせて行動することを学びます。普段から周りを見て行動することを習慣づけていきましょう。

対象

保・幼　小・低学年　小・中学年
小・高学年　中学校

個別　小グループ　クラス全体

やり方

❶ 広い場所に大きな円を描いておきます。4～6人のグループをつくり、手本役をひとり決め、台などのみんなから見える場所に立ってもらいます。「これから、音楽をかけます。音楽が鳴っている間、お手本役以外の人は円の周りを回ります。音楽が止んだら、お手本役の人がポーズをとります。ほかの人はまねして同じポーズをとり、先生が『OK』と言うまでポーズをしたまま止まります」と説明します。

❷ 音楽をかけたり止めたりしながら練習します。まねできていたら、「お手本役の人をよく見てまねできていますね」とほめます。

ポイント 動いているところから、音が止まるのと同時に切り替えてポーズをまねするのがポイントです。周りを見る力の弱い子はまねする役にし、手本役の子に注目できるように声をかけます。グループで助け合っている姿があればほめます。

❸ 慣れてきたら、全員が同じポーズになるまでのタイムをグループごとに競って遊びます。

般化のポイント

授業の最初に取り入れて、聞く姿勢をつくれるようにしたり、整列をしてもらったりするのもよいでしょう。周りを見て行動することが大切であることを伝えていきましょう。

NEXT STEP ↗

●言葉 …………旗上げゲーム（P68）
●気持ち ………タイマーが鳴るまで我慢（P92）
●気持ち ………大移動ゲーム（P99）

トレーニング 3 あの人だったらどうする？

ねらい

「あの人みたいになりたい」という憧れの存在があると、行動も変わってくるものです。子どもの憧れる存在を聞いて、その人物ならどうするかを意識させながら、望ましい行動ができるように支援していきます。

対象

保・幼　小・低学年　**小・中学年**　**小・高学年**　**中学校**

個別　**小グループ**　クラス全体

やり方

❶ 子どもに、いいな、すてきだなと思う人を聞きます。友だちでもよいですし、タレントやアニメなどのキャラクターでもよいでしょう。その人のどんなところがいいか、具体的に考えて教えてもらいます。

❷ 子どもが行動に悩んでいる場面や、状況にふさわしくない行動をとりそうな場面で、「こんなとき､いいなと思っている△△さんだったら、どうすると思いますか？」と問います。

❸ ふさわしい行動がわかったら、「そうですね、そうするとすてきだね」とほめ、よい行動がとれるようにします。

ポイント よい行動がとれたらしっかりほめます。そして、よい行動をすると、周りからいいな、すてきだなと思ってもらえることを伝えます。

般化のポイント

場面にふさわしくない行動をとってしまったときや、友だちとトラブルになってしまったときなども、いいなと思う人を想像して考えてもらうとよいでしょう。その場合は、一度落ち着いてから、考えさせます。

NEXT STEP ↗

- 言葉 …………続きを言ってみよう（P74）
- 言葉 …………こおり鬼（P82）
- 気持ち ………いろいろな顔を鏡で見よう（P110）
- 自己認知 ……振り返りワークシート（P154）

行動

相互

指示に従い、集団での一斉活動に参加する

指示に従って集団で行動することが苦手な子どもがいます。まず、短い時間の集団行動から始めて、少しずつ時間を長くしていきます。

事例

- 人が集まる場所に行きたがらない
- 活動に合わせて教室移動ができない
- 集団での行動に遅れる
- 指示通りに動けない

【考えられる要因】

- 大勢の人がいる場所が苦手
- 集団行動をとることに緊張感や不安を感じている
- 見通しを立たなくて不安になっている
- 気持ちの切り替えが難しい
- 集中して指示を聞くことが難しい
- 自分の衝動を抑える力が弱い

集団行動に慣れることから始めます

園や学校の生活のなかでは、整列して移動したり、並んで話を聞いたりするなど、集団での活動が多くあります。このような集団行動が苦手な子どもがいます。体力や集中力が足りず、ひとつのことをやり続けることが難しかったり、指示が理解できていなかったりすることがあります。集団行動そのものに緊張や不安を感じてしまう子どももいるでしょう。

集団で行動することが難しい原因を探って、トレーニングを行い、短い時間から集団行動ができるように支援していきましょう。集団行動に慣れてきたら、少しずつ時間を長くしていって、みんなで一緒に活動できるようにしていきます。

トレーニング 1 みんなで動いてみよう

ねらい

合図に合わせて集団で動き回ったり、集合したりする遊びで、集団での活動に慣れるようにします。ワーキングメモリーを鍛えるトレーニングにもなります。

対象

保・幼　小・低学年　小・中学年　小・高学年　中学校

小グループ　クラス全体

やり方

❶ 広い地面に大きな円を描いておきましょう。子どもをに好きな場所に散らばって立ってもらいます。「今いる場所をよく覚えてください。周りには何がありますか。誰がいますか」と指示を出します。場所を覚える時間をとります。

❷ 「これから2回合図を出します。１回目の合図で地面に描いた円に沿って走りましょう。2回目の合図が鳴ったら、今いる場所に戻ってきましょう」と説明し、指示を理解できたら、始めます。

❸ ２回目の合図でしっかり戻ってこられたらほめましょう。全員で協力し合って、正しい位置に戻れるようにします。

ポイント 場所がわからない子には「周りには誰がいましたか」などと声をかけてヒントを出します。

般化のポイント

授業で行う際には、整列した状態で始めるとよいでしょう。元の場所に戻るとき「手を叩きながら歩く」などのルールを追加すると行進の練習にもなります。

NEXT STEP ↗

●言葉 …………箱の中身は何だろう？（P80）

●気持ち ………大移動ゲーム（P99）

●気持ち ………多数決ゲーム（P117）

●自己認知 ……苦手について考えよう（P160）

トレーニング 2

電車ごっこ

ねらい

ロープを持って友だちと歩調を合わせて歩くことで、集団での一斉行動に参加する楽しさを学びます。ロープで引っ張ってもらえるので、体力がない子どもでも、がんばりやすくなります。

対象

保・幼　小・低学年　小・中学年　小・高学年　中学校

個別　小グループ　クラス全体

やり方

❶ 2～6人のグループをつくり、グループにひとつずつ輪になったロープを配ります。「電車ごっこをします。運転士さんと車掌さんを決めましょう」と声をかけ、運転士役を一番前、車掌役を一番後ろにします。

❷ 運転士役の子どもが歩くスピードや方向を決め、間の子どもは運転士に合わせて歩くように伝えます。車掌役の子どもには、みんながスムーズに歩けるように声をかけます。「出発進行！」の声で歩き始めましょう。

ポイント 集団行動の苦手な子や体力がない子どもは真ん中に並ばせます。

❸ スムーズに動けているグループをほめます。うまく歩けていないグループには「前の人をよく見て、ペースを合わせて歩こうね」などと声をかけていきます。役割を交代して繰り返しましょう。

般化のポイント

整列して歩くときや、課外活動で並んで歩くとき、「ロープはないけれど電車ごっこと同じだよ。前の人をよく見て合わせて歩くよ」と伝えます。

NEXT STEP ↗

●言葉…………会話のキャッチボール（P71）
●気持ち………遊びの取り換えっこ（P97）
●気持ち………パーソナルスペース（P103）

トレーニング 3 行進しよう

ねらい

整列して歩く、列を崩さずにまっすぐ進むなど、一連の動作の練習です。周りと適切な間隔を保ちながら、ペースを合わせて歩くという集団行動の基本を身につけましょう。

対象

保・幼 小・低学年 小・中学年 小・高学年 中学校

個別 小グループ 大グループ

やり方

1 「今日は行進の練習をします」と声をかけます。教師と何人かの子どもで手本を見せます。姿勢や待ち方も示しましょう。前の人との間隔が空いていたり、つまっていたりする場合も見せ、どのくらいの間隔だとよいかを考えてもらいます。

ポイント ちょうどよい歩幅や手の振り方などもモデルを見せて伝えましょう。

2 子どもを整列させて、実際に行進の練習をします。列から外れそうな子には「前の人の頭をよく見てください」と声をかけます。うまく歩けたら「きれいな列のまま歩けましたね」とほめてフィードバックします。

ポイント 長すぎると疲れたり飽きたりしてしまうので、年齢によって整列して歩く時間の長さを変えます。

前の人の頭をよく見てましょう。先頭さんは、行く場所をよく見ます。

般化のポイント

慣れないときは、子どもにロープを持たせて、教師が引っ張って歩くようにしてもよいでしょう。運動会や遠足などの行事の練習にもなります。

NEXT STEP ↗

●言葉…………連想ゲーム（P77）
●気持ち………ひとり1色！ペインティング（P101）
●気持ち………力加減を調べよう（P114）

トレーニング 4

円のなかに全員集合！

ねらい

円のなかに全員がうまく入る集団の遊びです。みんなと協力して指示通りに動くことを学びます。また、円をどんどん小さくしていくことで、どのくらいの距離をとって並べばいいか、考えられるようにします。

対象

保・幼　小・低学年　小・中学年　小・高学年　中学校

個別　小グループ　クラス全体

やり方

1 地面にいろいろな大きさの円を一列に描いておきます。「今からみんなに円のなかに全員で入ってもらいます」と説明します。

2 まず、一番大きい円にみんなで入ります。うまく集合して円のなかに入れたら、「上手に円に入れましたね。友だちとの間隔もいいね」とほめます。

3 「次は少し難しいです。隣の円に入りましょう。今よりもう少し小さいですよ」と言って、少し小さい円に入ってもらいます。どんどん円を小さくして繰り返します。

ポイント 最初は子どもが全員入っても余裕のある大きい円で行います。どんどん小さくしていって、ぎゅうぎゅうにならないと入れないくらい小さい円までやってみましょう。

般化のポイント

狭くても全員が入れるように、「もう少し詰められるところはないかな？」など、子どもたちが工夫できるような声かけをしていきます。普段からほかの友だちにも配慮できるように、集会や課外学習のときにも声をかけていきましょう。

NEXT STEP ↗

●言葉 …………グループづくり（P59）
●気持ち ………大移動ゲーム（P99）
●気持ち ………これは許せる？（P104）
●自己認知 ………協力してやってみよう（P163）

トレーニング 5 集会上手

➡別冊 P.16

ねらい
園や学校では、集会や課外活動など、大勢で集まったり並んだりして、話を聞く場面があります。どんなふうに並べばよいのか、どんなふうに聞いたらよいかを学びます。

対象
保・幼　小・低学年　小・中学年　小・高学年　中学校
個別　小グループ　クラス全体

やり方

❶「今日は集会の練習をします」と声をかけます。気をつけの姿勢、立って待ったり話を聞いたりするときの姿勢、床に座って待つときの姿勢を説明し、数名の子に手伝ってもらって手本を見せます。

背筋が伸びていていいね。目線は前の人の頭を見るといいよ

❷ 姿勢とポイントがわかったら、みんなでやってリハサールをします。2つのグループに分けて、交互に整列してみて、お互いに評価し合います。

ポイント 評価し合うときは、悪いところを指摘しがちなので、「誰がいい姿勢だと思いますか？」などと肯定的な評価ができるように教師が声をかけます。

どこがいいと思いますか？
指がぴんと伸びていてきれいです

❸ 最後に、「集会などでは、今のようによい姿勢をとるようにしましょう。そうすれば集会上手になれるよ」と説明します。

般化のポイント

集会や課外活動の直前にもう一度復習をして、実際の場面でもよい姿勢がとれるようにしましょう。また、活動が終わった後で、今日の集会上手を表彰するのもよいでしょう。

集会上手ですよ

NEXT STEP ↗

●言葉 ………姿勢はどうかな？（P67）
●言葉 ………どっちがうれしい？（P85）
●気持ち ………多数決ゲーム（P117）
●自己認知 ……みんなどう思っているかな？（P168）

自己認知

自分

自分のことを受け入れる

自己肯定感が十分でなく自分を大切にできないと、人に注目をされるのを避けたり、反対に注目を集めようとわざと悪いことをしたりします。

事例

- 意思表示ができない、自分のことをうまく表現できない
- うそをつく
- 負けやできないことが受け入れられない
- 行事に参加するのをいやがる
- 人とのかかわりが少ない

【考えられる要因】

- ＋自分のことをよく知らない
- ＋自信がなく、人前で話すのが恥ずかしい
- ＋注目されるのがこわい
- ＋注目されたい
- ＋勝ちや一番へのこだわりが強い

自己肯定感を育てましょう

人と話したり、人前で発表したりすることが苦手な子どもは、自信がもてず、人とかかわることや人から注目されることに強い不安や緊張を抱えていることがあります。反対に、人の注目を集めたいがためにうそをついたり、わざと悪いことをしたりする子どももいます。また、テストは１００点でなければ意味がないと考える子、負けが許せない子、一番にこだわる子もいます。

これらは自己肯定感の低さが原因として考えられます。たくさんほめて、自信をもてるようにします。さらに、違う視点や価値観があることも教えながら、自分自身を客観的に見られるようにします。

トレーニング 1 うれしい言葉

ねらい

人から言われてうれしかった言葉や場面を再認識させることで、自分に価値があると実感できるようにします。また、あらためて人から言われることで自信をつけます。

対象

保・幼　小・低学年　小・中学年　小・高学年　中学校

個別　小グループ　クラス全体

やり方

❶「人から言われてうれしかった言葉は何ですか。どんなときに言われましたか」と質問します。具体的にエピソードを思い出してもらいましょう。

ポイント 小学生以上ならエピソードを書きだしてもらうとよいでしょう。エピソードをなかなか挙げられない子どももいます。「この間、○○ちゃんに感謝されていたね。何があったの？」「先生のために××してくれたね」などとヒントを与えます。

お手伝いをしたときに
「やさしいね、ありがとう」と
言われたんですね。
それはうれしかったね。
では、みんなで言って
みましょう。
うれしかった言葉
やさしいね。
ありがとう

❷ エピソードが出せたら、発表してもらいます。「△△と言われたんですね。それはうれしかったね」と共感します。そして言われてうれしかった言葉を、あらためてみんなでその子に言います。友だちとペアになって、互いに言葉をかけ合うのもよいでしょう。

般化のポイント

普段の指導でも、よい言葉、うれしい言葉、その子がよろこぶ言葉をたくさんかけるようにします。ほめるときは、具体的にほめ、どうしてほめられているかが理解できるようにしましょう。

みんなのために黒板
をきれいにしてくれ
てありがとう

NEXT STEP ↗

●言葉……………選んでみよう（P61）
●気持ち…………いろいろな顔を鏡で見よう（P110）

トレーニング 2
あなたはどっち？

➡別冊 P.6

ねらい
好きなものを選んでいくことで、自分自身のことを知ることができるようにします。選択肢のなかから選ぶので取り組みやすく、また友だちと一緒にやれば、自分と他者の比較により、自分の意外な一面や他者との共通点などを知ることができ、自己認知が深まります。

対象
保・幼　小・低学年　小・中学年　小・高学年　中学校
個別　小グループ　クラス全体

やり方

❶ 食べ物や遊び、職業などの絵カードを用意します。子どもに対になる２枚の絵カードを見せ、「どっちが好きですか？」と聞き、選んでもらいます。

❷ 子どもが答えたら、「○○が好きなんですね。どうして○○のほうが好きなの？」などと質問をしながら、自分の考えや好み、くせなどについて、考える機会をつくっていきます。

ポイント 友だちと違っていたら恥ずかしいと思う子どもの場合は、まずは個別に取り組みます。傾聴しながら子どもが自分のことを理解し、受容できるように誘導します。

どっちが好きですか。
○○君はサッカーが
好きなんですね

❸ その子の特性がわかるように、たくさん質問をしましょう。そして、最後に「○○君は、こんなことが好きなんですね」と言葉で特性を伝えてあげましょう。

般化のポイント

友だちと一緒にやって、自分の好みが友だちと同じだったり違ったりすることや、自分の弱さや強さ、苦手なことや得意なことを自覚できるようにします。また、友だちと互いのことを理解し、受容できるように促します。

答えが同じだったり
違ったりして
おもしろいね

NEXT STEP ↗

- 気持ち …………パーソナルスペース（P103）
- 気持ち …………みんな同じに見えている？（P115）
- 行動 ……………みんな協力！ハンドベル（P126）

トレーニング 3 私のプロフィール

➡別冊 P.2

ねらい

自分のいいところや得意なことを考える機会をつくります。自分自身のことをあらためて考えるとそれまで気がつかなかった自分の特性を発見でき、自己認知が高まります。

対象

保・幼　小・低学年　小・中学年　小・高学年　中学校

個別　小グループ　クラス全体

やり方

❶ ワークシートを配ります。まずは自分の名前を記入し、誕生日や星座、家族などの基本データを書いてもらいます。

ポイント すぐに記入できることを盛り込んでおくと、取り組みやすくなります。また、子どもたちが自由に書ける欄もつくっておくとよいでしょう。

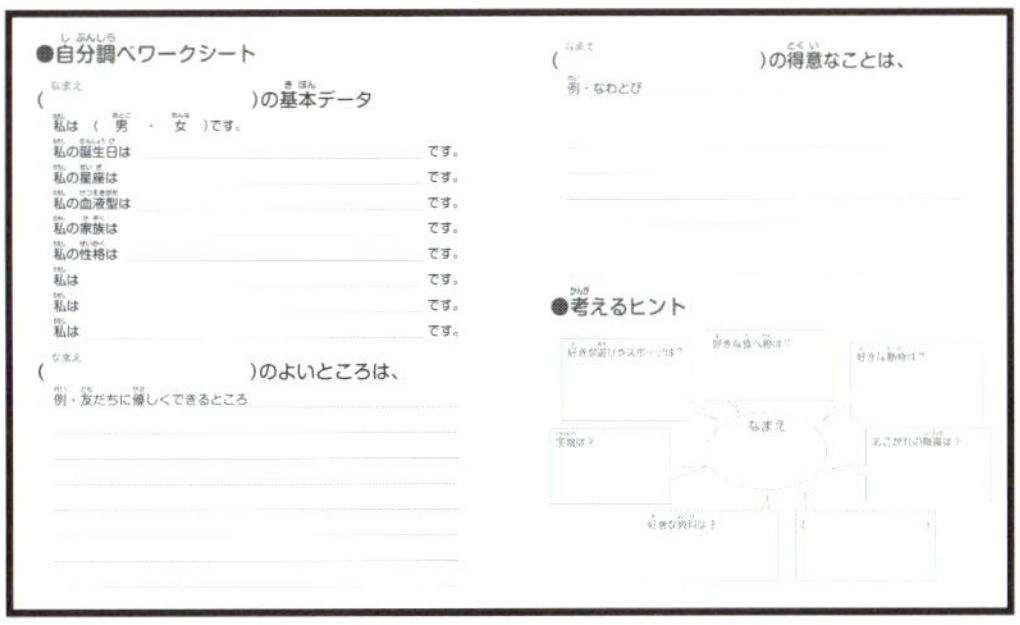
●自分調《じぶんしら》べワークシート

(なまえ　　　　)の基本《きほん》データ

私《わたし》は（男《おとこ》・女《おんな》）です。

私《わたし》の誕生日《たんじょうび》は＿＿＿＿です。

私《わたし》の星座《せいざ》は＿＿＿＿です。

私《わたし》の血液型《けつえきがた》は＿＿＿＿です。

私《わたし》の家族《かぞく》は＿＿＿＿です。

私《わたし》の性格《せいかく》は＿＿＿＿です。

私《わたし》は＿＿＿＿です。

私《わたし》は＿＿＿＿です。

私《わたし》は＿＿＿＿です。

(なまえ　　　　)のよいところは、

例《れい》・友《とも》だちに優《やさ》しくできるところ

(なまえ　　　　)の得意《とくい》なことは、

例《れい》・なわとび

●考《かんが》えるヒント

好きな遊びやスポーツは？　好きな食べ物は？　好きな動物は？

宝物は？　なまえ　あこがれの職業は？

好きな教科は？　(　　　)

❷「次は自分のいいところ、得意なことを書きましょう」と声をかけ、考えてもらいます。なかなか挙げられない子には、マインドマップを活用して、周りからよく言われることなどを書き出して考えてもらうとよいでしょう。

❸ いいところと得意なことが出せたら、そのなかでとくに自分が気に入ったものを3つ選んでもらいます。カードサイズの色紙を配って、その3つを清書してもらいます。

般化のポイント

清書した紙は筆箱やカードケースなど、子どものよく目にとまるところに貼ってもらいます。自信がなくなりそうなとき、不安になったとき、イライラしたときなどはそこを見て、落ち着くように指導します。

NEXT STEP ↗

●言葉…………続きを言ってみよう（P74）

●行動…………あの人だったらどうする？（P139）

トレーニング 4

短所は長所

ねらい

短所だと思っていることが、長所にもなることを知り、特性を肯定的に捉え、自己肯定感を養うトレーニングです。視点を変える練習にもなり、自分自身だけでなく、他者のことも肯定的に捉えることができるようになります。

対象

保・幼　小・低学年　**小・中学年**　**小・高学年**　**中学校**

個別　**小グループ**　**クラス全体**

やり方

❶ まず長所と短所という言葉について考えてもらいます。それぞれの意味と、人の長所、短所にはどんなものがあるか、具体的に考えて発表してもらいましょう。

❷「短所は本当に短所でしょうか」と聞いてみます。「『負けると怒る』という短所は、『負けずぎらいでがんばりやさんだ』と言い換えられませんか」と挙げられた短所について、具体的によい点を伝えます。どう言い換えたら長所になるか、子どもにも考えてもらいます。

ポイント 子どもが上手に言い換えられるようにヒントを出しながら進めます。

❸ 最後に、短所と長所が紙一重であること、自分が短所だと思っていることも、見方を変えたり、ほかの人が見たりしたら、長所であることを教えます。

般化のポイント

友だち同士でトラブルになったとき、相手のことを悪く言うときがあります。気持ちが落ち着いた後で、相手の短所も長所に捉えられるように声をかけていきましょう。

NEXT STEP ↗

●言葉 ………言葉カルタ（P63）
●気持ち ……何度もできるいす取りゲーム（P100）
●気持ち ……みんな同じに見えている？（P115）

トレーニング5　なぜ一番でないといけないの？

ねらい　勝敗や順位、点数などにこだわりすぎる子どもに、その理由を質問します。理由を考えていく過程で、こだわりが和らぎ、ほかの考え方もあることに気づくこともできます。自分自身を受け入れていけるように支援しましょう。

対象　保・幼　小・低学年　小・中学年　小・高学年

個別

やり方

❶ 成績やゲームなどで結果にこだわる子に「なぜ一番でなければいけないの？」と、たずねてみます。「一番がいいから」などの答えが返ってきたら「なぜ一番がいいの？」とさらに質問をします。

❷ その子が考えて、理由が答えられなくなったら「もしかしたら一番でなくてもいいのかもしれないよ。どうですか？」と聞きます。

ポイント　落ち着いているときに行います。子どもの答えを否定せず、受け止めたうえで、なぜそう思うのかをじっくり聞いていきます。

❸ 子どもにさらによく考えてもらいます。そのうえで、「十分できているよ」「一生懸命やったからすごいと思うよ」「次に同じ問題が出たときにがんばればいいんじゃないかな？」など、新しい考え方を提案します。

もしかしたら一番でなくても
いいのかもしれないよ。
先生は一生懸命やったから
すごいと思うよ

般化のポイント

子どもがあせらず、自分自身でよく考えることが大切です。一度では受け入れられないことが多いので、いろいろな場面を想定して、どうしてこだわるのかを考えてもらいましょう。また、できたところに着目できるように支援します。

こんな難しい問題
よく解けたね。
すごいよ

NEXT STEP ↗

●言葉……………いろいろな「ありがとう」(P58)
●気持ち…………ひとり1色！ペインティング(P101)
●気持ち…………これは許せる？(P104)

自己認知

自分

自分の行動の結果を見て振り返る

自分のしたことや言ったことの結果を評価し、振り返ることは、人とかかわったり、自分の能力を高めたりするために必要です。

事例

- やりっぱなしにしてしまう
- 人がいやがることを言う
- 言われたことを実行できない
- 約束が守れない

【考えられる要因】

- ＋自分のしたことの結果を見る前に、次のことに気持ちが移ってしまう
- ＋言われたことや言ったことを忘れてしまう
- ＋言動の結果が想像できない

結果を振り返る習慣をつけましょう

人を傷つけるような発言をしてしまう、出したものを片づけない、言われたことをやらない子どもがいます。結果を見て振り返る習慣がなかったり、そこに苦手さが見られる子もいます。そのために周りの人から、無責任だ、いじわるだなどと思われてしまうこともあります。

結果を振り返ることができないのは、集中力がなく注意が移ってしまうことや、自分の言動の結果をよく見ていないこと、順序立てて考え、想像することが苦手で結果を予想できないことが原因です。

自分の言動がどのような結果をもたらすかを考えたり、振り返ったりする習慣をつけられるように指導しましょう。

トレーニング 1 後ろはどうかな？

ねらい

注意力がない子どもは、自分の視界の前方しか見ていないことが多くあります。まずは、次の行動をとる前に自分の後ろを振り返って見る、という習慣をつけさせます。

対象

保・幼　小・低学年　小・中学年　小・高学年　中学校

個別　小グループ　クラス全体

やり方

1 子どもが次の活動に移ろうとしているときに、名前を呼んで「後ろを見てごらん」と声をかけます。「今までいたところ、やっていたことはどうなっていますか？」と聞きます。

2 子どもが振り返られたらよくほめ、「今までいた場所はどうなっているかな」と再度声をかけ、汚れたり、散らかったりしているということに気づかせます。そして、次の活動に移る前に何をするか、考えてもらいましょう。

3 片づけることに気がつけたら、よくほめます。「きちんと片づけないと、次に使いたい人が困るし、誰かがつまずいてけがをしてしまうかもしれないですね」などと、片づけをする理由がわかるようにします。

ポイント 色で分類したり、そのものを片づける棚や箱に入れるもののイラストや写真を貼っておいたりして、片づけやすい工夫をしておきます。

後ろはどうなっていますか。
振り返ってみましょう

般化のポイント

時間が経ってから注意しても子どもが忘れてしまっていることがあります。その場で声をかけましょう。振り返る習慣のない子どもは、友だちに言ったことも思い出せなくなります。そのため、そういう場面では、すぐに声をかけ、その場で子どもが結果を振り返られるようにします。

NEXT STEP ↗

●言葉 ……………どんな話かな？（P81）
●気持ち …………気持ち絵カード（P109）
●行動 ……………当番は何のためにするの？（P134）
●自己認知 ………みんなどう思っているかな？（P168）

言葉　気持ち　行動　自己認知

トレーニング 2

振り返りワークシート

➡別冊 P.5

ねらい

一日の行動を思い出して、がんばってよくできたこと、がんばったけれど難しかったこと、もう少しがんばりたいと思ったことなどを書くことで、振り返りを習慣づけます。

対象

保・幼　小・低学年　小・中学年　小・高学年　中学校

個別　小グループ　クラス全体

やり方

❶ 振り返りワークシートを配り、活動を振り返ろうの欄を使って、その日の活動を思い出しながら、がんばったこと、もう少しがんばりたいことを具体的に記入してもらいます。

ポイント 自分の行動を忘れてしまいやすい子には「○○はどうでしたか？」などと声をかけて、振り返りやすくします。

❷ 記入が終わったら「がんばったことはいいことです。自信をもってこれからも続けていきましょう。もう少しがんばりたいことは、できるようになりたいと思っていることですね。少しずつでよいのであせらずがんばりましょう」と励まします。

ありがとう
貸してあげるよ

般化のポイント

帰りの会に取り入れて、毎日の習慣にしていくとよいでしょう。はじめのうちは「先生の話を姿勢よく聞く」「友だちにありがとうと言う」など、５つくらいの選択肢を用意し、そこから選んでもらうと取り組みやすいでしょう。

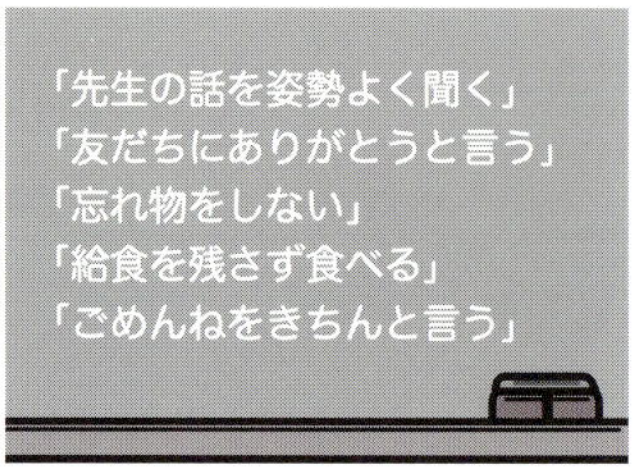
「先生の話を姿勢よく聞く」
「友だちにありがとうと言う」
「忘れ物をしない」
「給食を残さず食べる」
「ごめんねをきちんと言う」

NEXT STEP ↗

●言葉 …………虫食い作文（P64）
●言葉 …………自分の気持ちを振り返ろう（P95）
●気持ち ………いろいろな顔を鏡で見よう（P110）

トレーニング 3

目標を立ててみよう

➡別冊 P.4

ねらい

振り返りワークシートをもとに具体的な目標を立て、それを実行できるようにするトレーニングです。目標や計画を立て、実現することの大切さを理解し、実行する方法を身につけます。

対象

保・幼　小・低学年　小・中学年　小・高学年　中学校

個別　小グループ　クラス全体

やり方

❶ 振り返りワークシートを使います。もう少しがんばりたいことなどをもとに、週の目標を記入してもらいます。

ポイント 自分のがんばりを自ら認めながら、あせらず、少しずつステップアップしていくことがポイントです。そのため、確実に実現できそうな目標をひとつ以上入れておき、達成感を与えながら意欲を引き出します。

❷ その週の最後の帰りの会で再びワークシートを使って、目標が達成できたかを振り返ってもらいます。さらに、次の週の目標を立てていきます。

般化のポイント

毎週目標をすべて達成する必要はありません。ただし、ずっと達成できないと意欲がなくなってしまいますので、具体的に、細かく目標を立てていくことを、少しずつ伝えていきます。あせらずに、継続していくことの大切さを伝えます。

友だちとけんかしない、ではなくて、すぐに謝るという目標を立ててみたら？

NEXT STEP ↗

●言葉 …………いいところをみつけよう！（P88）
●気持ち ………謝ったら許してあげよう（P105）
●行動 …………店員さんごっこ（P123）
●行動…………この後どうなる？（P133）

言葉　気持ち　行動　自己認知

トレーニング 4

自分インタビュー

ねらい

将来の自分の姿を思い浮かべながら、目標を具体的に考えます。そうすることで、自分を客観的に捉えたり、将来を想像したりする力が身につきます。また、振り返ったときに、自分の成長をより感じられるようになります。

対象

保・幼　小・低学年　小・中学年　小・高学年　中学校

個別　小グループ　クラス全体

やり方

1 学期のはじめに取り組みます。「この学期が終わるころに、自分はどんな姿になっていますか。どうなっていたいですか。具体的に考えてみましょう」と言って、想像してもらいます。

ポイント 逆上がりができるようになっている、給食を残さず食べられるようになっているなど、なんでも構いません。教師が簡単な例を挙げると考えやすくなります。

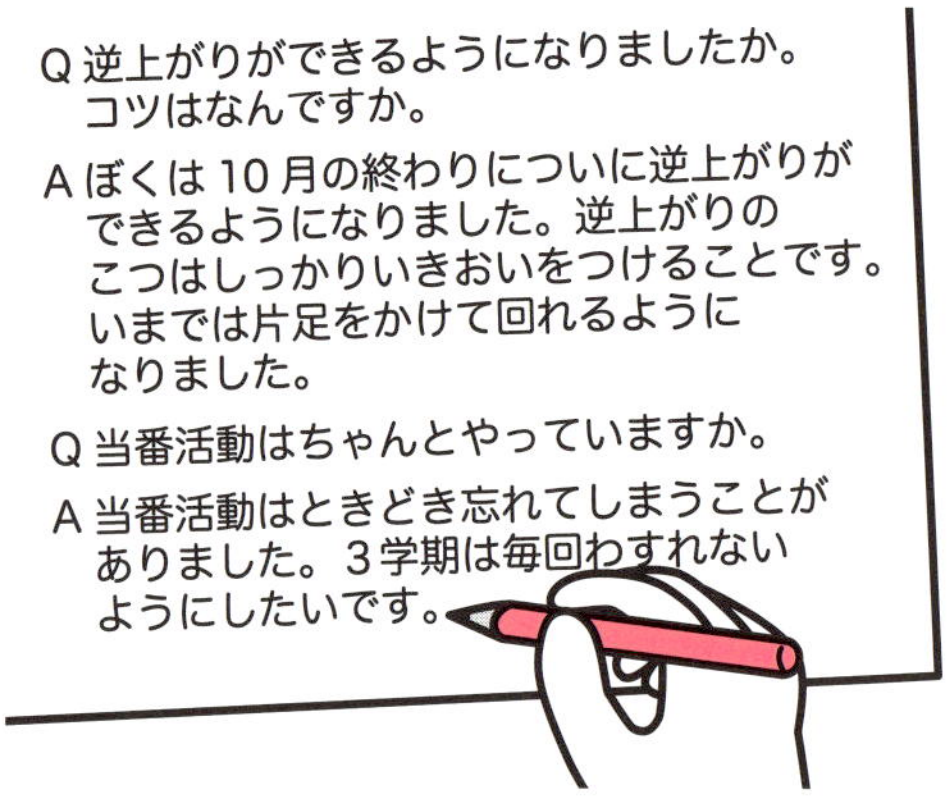

Q 逆上がりができるようになりましたか。コツはなんですか。
A ぼくは 10 月の終わりについに逆上がりができるようになりました。逆上がりのこつはしっかりいきおいをつけることです。いまでは片足をかけて回れるようになりました。
Q 当番活動はちゃんとやっていますか。
A 当番活動はときどき忘れてしまうことがありました。3 学期は毎回わすれないようにしたいです。

2 「想像できたら、未来の自分に聞いてみたいことを考えてみましょう。『○○はどうですか。楽しいですか』などでもいいですし、できるようになりたいことについて、『どうやったらそれができますか？』と聞いてもいいですね」と言って、未来の自分に対するインタビューの質問を書き出してもらいましょう。

3 その学期が終わったら、自分で考えた質問に答えながら、学期を振り返ります。さらに次の学期に向けて、目標や質問を考えていきます。

般化のポイント

学期の最初と最後にやるだけでなく、各月のはじめに、目標を見直すとよいでしょう。また、クラスで目標を発表し合ったり、掲示して確認し合ったりしておくと、目標に向かってがんばるクラスづくりに役立ちます。

これもうできたねー

NEXT STEP

- 言葉 ……………質問をつくろう（P79）
- 言葉 ……………箱の中身は何だろう？（P80）
- 気持ち …………多数決ゲーム（P117）
- 行動 ……………この後どうなる？（P133）

トレーニング 5　それはいじわるだよ

ねらい

友だちに悪い言葉を使ってしまったり、強い力で叩いてしまったりする子どもには、相手の子どもとすぐに離して、個別に「それはいじわるだよ」と教えます。自分の言動が相手を傷つけてしまうことに気づかせましょう。

対象

保・幼　小・低学年　小・中学年　小・高学年　中学校

個別　小グループ　クラス全体

やり方

1 友だちに対していじわるな発言や行動をした場面で、すぐに相手の子どもと離します。そして相手の子どもと距離をとったうえで「今言ったこと（やったこと）はいじわるだよ」とはっきりと教えます。「いじわるをされたら、いやな気持ち、悲しい気持ちになるよね。いじわるはしてはいけないね」と諭します。

ポイント いじわるだと気づかずにやっている子どもがいます。早い段階でそれはよくないとはっきり教えます。

2 子どもが理解したら「『いじわるしてごめんね』と謝ろう。そして、次からやらないと約束しよう」と言い、相手の子どもと仲直りさせます。

般化のポイント

「いじわるだよ」と言われた子どももショックを受けるものです。いじわるだと伝えるのは基本的には最初の１回だけにして、次回からはその子がいじわるをしそうになったら名前を呼ぶなどして、事前に防ぎます。落ち着いてきたら、道徳の授業などで具体例を挙げながらみんなで「どんな言葉や行動がいじわるかな」と考えるのもよいでしょう。

NEXT STEP ↗

●言葉 …………ふわっと言葉・ちくちく言葉（P86）
●気持ち ………力加減を調べよう（P114）
●行動 …………あの人だったらどうする？（P139）

自己認知

自分

自分の苦手なことを理解し、対処する

自分の得意なことや苦手なことを知っておくことは大切です。得意なことを生かしながら、苦手なことにもチャレンジする気持ちを育てます。

事例

- いやなことがあるとすぐに泣く
- 特定の授業や活動で立ち歩く
- うまくできないと、イライラしたり、暴言をはいたりする

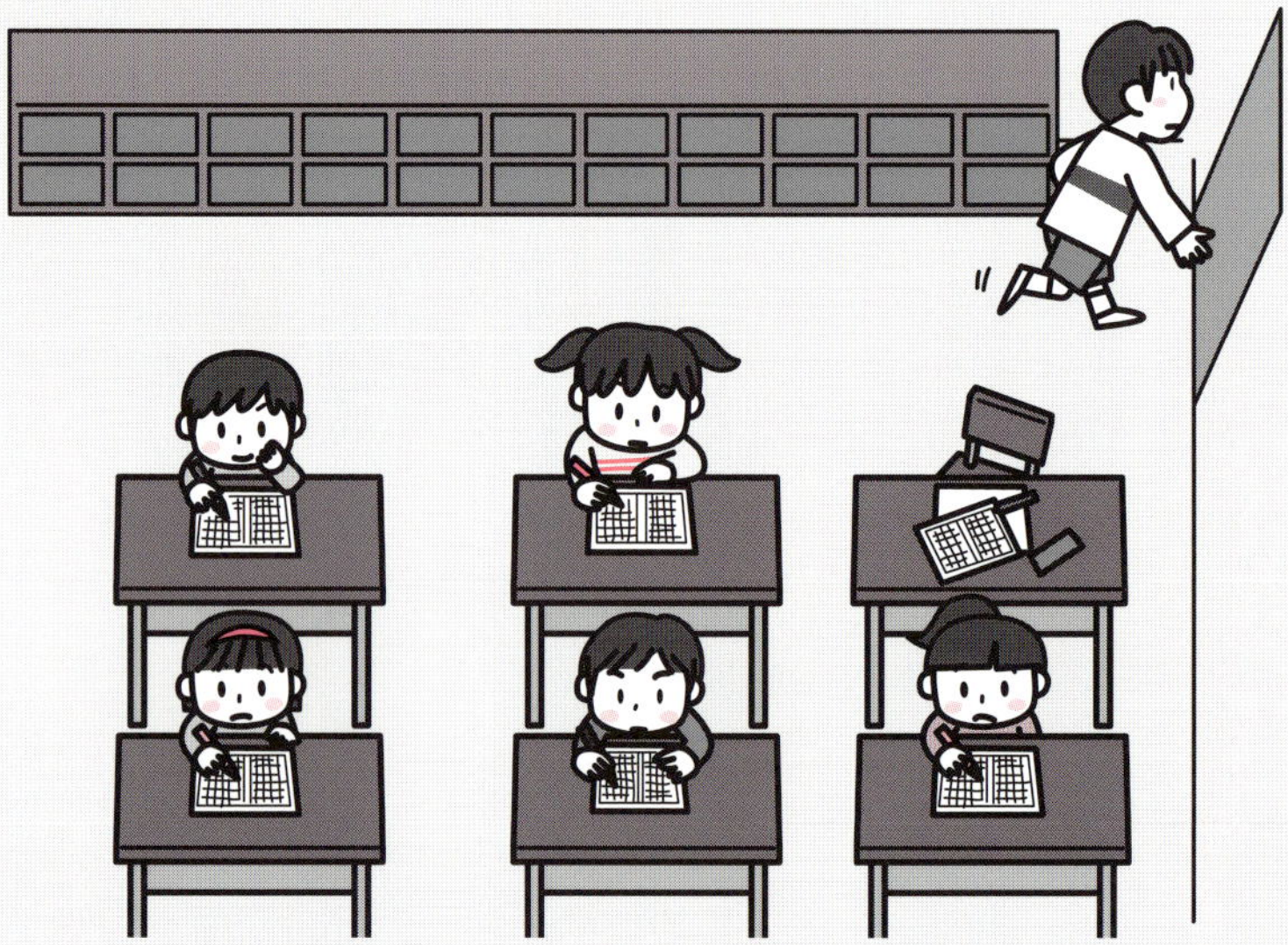

【考えられる要因】

- 自分自身のことを受け入れていない
- 苦手な課題から逃れようとしている
- 苦手なことにどう対処すればよいのかわからない
- 自信がない
- できないことをみんなに知られたくない

自分自身を知ることから始めましょう

いやなことがあるとすぐに泣く子どもや、特定の授業や活動になると立ち歩いてしまう子どもがいます。苦手なことにどう対処すればよいのかわからなかったり、そこから逃れようとしている場合があります。

苦手なことにもチャレンジしようという気持ちや姿勢を育てるには、まずは自分のことを知ることが大切です。そして、自分の苦手なことを理解し、対処法を学んだり考えたりする必要があります。「やらなければいけない」いやな課題を、自分の好きなことや得意なことを生かしながら、解決策や手立てをみつけられるように支援しましょう。

トレーニング 1 どうしたかったのかな？

ねらい

小さい子どもは、イライラする自分の気持ちにまだ気づけていないことがあります。泣いたりイライラしたりするのは、苦手なことで困っているからだということをまず知らせましょう。子ども自身が自分の苦手なことや弱い部分を知り、自己解決できるように導きます。

対象

保・幼　小・低学年　小・中学年　小・高学年　中学校

個別　小グループ　クラス全体

やり方

① 子どもがイライラしたり、その場から離れようとしたり、泣きそうになっていたら、子どもの手を取ったり、肩に手を当てたり、背中を優しくトントンとしたりして、まずは落ち着かせます。

② 落ち着いてから「どうしたの？　本当はどうしたかったのかな？」と声をかけます。

ポイント 「どうして○○したの？」では責められていると感じてうまく話せないことがあります。「どうしたかったの？」と聞くことがポイントです。

③ 子どもなりに説明できたら「○○がいやだったんだね」と、その子が苦手だったこと、いやだと思っていたことを受け止め、代弁しながら、子ども自身の認知を広げていきます。そして、そういう場合に気持ちを落ち着かせる方法や対処法を伝え、少しずつ自分で解決できるように支援します。

般化のポイント

好きなこと、得意なことを知るトレーニングと合わせて行っていきましょう。自分で自分の気持ちを理解し、行動を切り替えていくことにつなげていきます。自分の苦手なものを知り、受け入れながら、やがて自分の得意なことで表現できる力（実行する力）を培えるように支援します。

NEXT STEP ↗

- 言葉 …………選んでみよう（P61）
- 気持ち ………リラックスのお守りとおまじない（P94）
- 気持ち ………パーソナルスペース（P103）
- 行動 …………お願いしてみよう（P120）

トレーニング 2 苦手について考えよう

ねらい

自分の苦手なことについて友だちと話し合い、誰にでも苦手なことがあること、苦手に感じることは人それぞれ違うのだということを知ります。自分の苦手なことに目を向けたり、自分の好きなことや得意なことを生かして友だちと助け合ったりできるようにします。

対象

保・幼　小・低学年　小・中学年　小・高学年　中学校

個別　小グループ　クラス全体

やり方

1 「自分の苦手なことについて話し合います」と声をかけ、考える時間をとります。「先生は○○が苦手です。みなさんはどうですか」などとはじめに教師が例を挙げると子どもも自分のことについて話したり、考えたり、素直に向き合いやすくなります。

2 ４～５人のグループをつくって、苦手なことについて話し合ってもらいます。教師はグループを回って、子どもが相手の話に傾聴できているかを確認します。

ポイント 話し合いでは、人の発言を否定しないというルールを徹底します。

3 最後に「誰にでも苦手なことはあります。苦手なことがあることはいけないことではありません。自分は何が苦手か、わかることが大事です。そしてそれに向き合い、少しずつ解決していくことが大切です」と説明します。

般化のポイント

事前に互いの苦手なことを話し合っておくと、助け合える雰囲気をつくることにも役立ちます。トラブルが起きた場合にも、互いの苦手に配慮できるように声かけを行います。

NEXT STEP ↗

- 言葉 …………連想ゲーム（P77）
- 気持ち ………遊びの取り換えっこ（P97）
- 気持ち ………これは許せる？（P104）
- 行動 …………風船バレー（P125）

トレーニング 3 どうしたらできる?

ねらい

苦手なことに向き合い、どのようなアプローチ方法があるかを考え、チャレンジする姿勢を学びましょう。最終目的を決めて、自分なりのやり方を考えていくことが大切です。教師は子どもの考えを受け止め、その考えやアプローチ方法を支援していきます。

対象

保・幼　小・低学年　小・中学年　小・高学年　中学校

個別　小グループ　クラス全体

やり方

❶ 例えば漢字の書き取りが苦手な子が、書く回数が少なければがんばっていねいに書けるのならば、「3回だけ、ゆっくりていねいに書いてみましょう」と提案します。

ポイント 漢字を覚えることが目的ならば、「しっかり見て覚える」「ていねいに書いて覚える」など、子どもの得意なやり方を選択できるようにします。また、集中が続かない子は数回に分けてできるようにするなど、苦手さや弱さに合わせた方法を考えます。苦手なことでも違う方法ならできることを実感させます。

漢字を覚えることが
大切です。できる方法で
取り組むといいよ

❷ ゆっくりとていねいに3回書くことができたら、きれいに書けたことをほめます。「よくできましたね。たくさん書けばよいわけではなく、一画ずつしっかりていねいに書いて漢字を学ぶのが大切なので、できる方法で取り組むといいですよ」と伝えます。

般化のポイント

漢字練習では、バランスよく書けない子どもには、書きやすい大きさのマスや補助線の入ったマスなどを用意します。ほかの科目についても、子どもができる方法やチャレンジできるアプローチ方法を考えます。

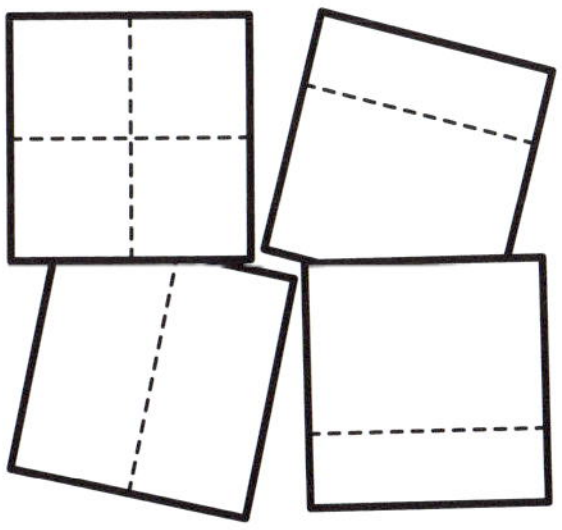

NEXT STEP ↗

- ●言葉 ……………教えて!なぞなぞゲーム(P83)
- ●気持ち …………ひとり1色!ペインティング(P101)
- ●気持ち …………みんな同じに見えている?(P115)

自己認知

相手

いろいろな価値観で考える、相手を認める

ひとつの考え方や見方しかできない子どもがいます。立場が変われば見方も違うことや多様な価値観があることを教えましょう。

事例

- 勝敗や点数にこだわる
- 全部自分でやらないと気が済まない
- 友だちの意見を認めたがらない
- 自分が正しいと思うことと違うことに強く抵抗する

【考えられる要因】

- ほかの価値観を知らない
- こだわりが強い
- 想像力が乏しく、自分の考えと違うと不安になる
- 他者と協力して何かを成し遂げた経験が少ない

いろいろな価値観があることを知るところから

自分のやり方や考え以外を認められない子どもがいます。こだわりが強く、他者との違いを受け入れられなかったり、想像する力が弱く、異なる価値観が理解できなかったりするのかもしれません。

他者との違いを知って受け入れられないと、視野が狭くなり、ちょっとしたことで友だちと争ったり、集団行動についていけずに孤立しやすくなります。

友だちとの共同作業や互いのよい点をみつける話し合いなどの経験を重ねて、まずはいろいろな価値観があることを教えましょう。相手を尊重するという柔軟な態度の必要性を学んでいきます。

トレーニング 1 協力してやってみよう

ねらい

友だちと協力して役割分担をすることで、協力し合うことの大切さを学びましょう。いつもとは異なるやり方で作業することを通じて、こだわりを緩められるように支援します。

対象

保・幼　小・低学年　小・中学年　小・高学年　中学校

個別　小グループ　クラス全体

やり方

❶ 例えば、給食の時間にいつもは各自で食器類を片づけている場合は、「今日は、グループで協力して片づけます。おぼんの係、お皿の係というように役割を分担して片づけましょう」と声をかけます。

ポイント 変更をいやがる子には、前もって伝えておきます。

❷ 片づけが終わったら、「みんなで役割を分けて協力してできましたね」と言って、どんなことがよかったか、ほかにどんな工夫があるかなどを聞いてみましょう。

ひとりでは大変なことも、みんなで協力したら早く、簡単にできることがありますね。できたときはどんなふうに感じましたか
早くできてうれしいです

❸ 最後に、「みんなで役割を分けてやると、ひとりでできることもより早くできたり、ひとりでできないことができたりします」と伝え、役割分担することの意味や大切さを伝えます。また、ひとりでできないことがあるときは、「手伝って」と声をかけて協力をお願いしたり、助けてもらったりすればよいことを伝えます。

般化のポイント

掃除当番や体育で使った用具を片づけるときなど、さまざまな活動のなかで協力することを伝えましょう。また、友だちに「手伝って」と言われたら手伝うこと、2人でも難しいときは、周りにも協力を求めることを教えます。

NEXT STEP ↗

●言葉 …………教えて！なぞなぞゲーム（P83）
●気持ち ………ひとり1色！ペインティング（P101）
●行動 …………だるまさんがころんだ（P131）
●行動 …………円のなかに全員集合！（P144）

トレーニング 2

けんかした子のよいところは？

ねらい

こだわりが強い子どもは、けんかの相手をなかなか許せないことがあります。けんかしてしまっても相手のよいところを探し、仲直りするきっかけをつくります。誰にでもよいところがあることを認められるようにする練習です。

対象

保・幼　小・低学年　小・中学年　小・高学年　中学校

個別　小グループ　クラス全体

やり方

❶ 子どもがけんかをしたり、トラブルになったりしている場面で、すぐに止めて、双方の事情を聞いて落ち着かせます。

❷ その日の放課後などに「クラスの友だちのどんなところがよいと思いますか」と聞いてみます。まずはけんかした子以外の子の名前を挙げ、よいところを挙げてもらいます。

ポイント 友だちのよいところを挙げられたら、「友だちのよいところをいろいろ知っているんだね。よく見ていてえらいね」とたくさんほめます。

友だちのこと、
よく見てるんだね。えらいよ。
もっと先生にみんなのこと教えて。
○○君はどう？

❸ 何人かのよいところを挙げられたら、けんかした子どもの名前を挙げて、よいところを考えてもらいましょう。けんかした相手のよいところが挙げられたら、「相手のよいところをよくわかっているんだね。それなら、これからも仲よくできるよね」と声をかけて、仲直りできるよう、きっかけをつくります。

ポイント けんかした双方の子どもに別々に行います。

般化のポイント

けんかを、相手のよいところをあらためて考えるきっかけにしましょう。また、普段かかわりの少ない友だちのよいところについて考えてみたり、見つけたりすることで、友だちの輪も広がります。

NEXT STEP ↗

- 言葉 …………いいところをみつけよう！（P88）
- 気持ち ………リラックスのお守りとおまじない（P94）
- 行動 …………店員さんごっこ（P123）
- 自己認知 ……短所は長所（P150）

トレーニング 3 よいことと正しいこと

ねらい
正しいとされることが常に最善であり、よいことであるとは限らないことを学び、受け入れられるように指導します。道徳の授業などで取り上げながら考えさせ、いろいろな選択肢があることを教えていきましょう。

対象
保・幼　小・低学年　小・中学年　小・高学年　中学校
個別　小グループ　クラス全体

やり方

1 「学校に来ることはよいことで、正しいことですね。でもいつも学校に来なければいけないわけではありません。風邪をひいたときは休みますね」と説明します。ほかに学校を休むときを具体的に考えてもらいましょう。

2 「からだは元気だけれども、こころの調子がよくないときはどうですか。おうちでは元気だけれども、学校に来ると調子が悪くなるときはどうですか」と聞いて、考えてもらいます。

3 最後に、正しいことがいつもよいこととは限らないこと、社会では状況に応じて臨機応変に対応しなければいけないことを伝えます。

ポイント 「よいこと」とは善悪ではなく「その事情を認められるかどうか」という意味であることを教えましょう。

般化のポイント

ひとつの意見に引っ張られないように、教師が違う見方を示すとよいでしょう。調子が悪いとき周りの人に手伝ってもらうようにお願いすることや、調子が悪そうな人に気づいたら声をかけることも大切であると教え、日頃から互いに助け合える雰囲気づくりをこころがけるとよいでしょう。

NEXT STEP ↗

●言葉…………意見交換をしよう（P65）
●気持ち………これは許せる？（P104）
●気持ち………みんな同じに見えている？（P115）
●行動…………困るのは誰かな？（P135）

自己認知

相互

相手への対応を振り返る

友だちをいやな気持ちにさせていないかを振り返って、自分の言動を見直し、相手に配慮した振る舞いを身につけることも大切です。

相手の様子を見ることを伝えましょう

友だちを傷つけるような発言をしたり、いやがることをしたりする子がいます。自分の行為が相手にどう受け取られているかに気づかないのかもしれません。あるいは、注目されたくて、わざとやっていることもあります。

社会では周りの人と協力しなければいけないこと、人にいやな思いをさせていると信用されなくなって、かかわりが減ってしまうことを教えます。一方で、言動を見直し、言い方や伝え方を変えることで、人とのかかわりがスムーズになることを教えます。そして見直すきっかけ（場面）を与え、相手に配慮した言い方を身につけられるようにしていきます。

事例

- 友だちを傷つける発言や友だちがいやがることをする
- 友だちに暴力を振るう
- 友だちとけんかしても謝らない
- 友だちが謝っても許さない

【考えられる要因】

- 相手が傷ついていることがわからない
- 自分だけが正しいと思い込んでいる
- 暴力や暴言以外の解決方法がわからない

トレーニング 1 どんな顔をしているかな？

ねらい

相手を傷つける言動が見られたとき、相手の表情に注目させましょう。自分の言動で、相手が悲しくなったり、いやな思いをしたりすることがあることに気づかせます。

対象

保・幼　小・低学年　小・中学年　小・高学年　中学校

個別　小グループ　クラス全体

やり方

① 友だちを傷つけるような言動をしている場面があれば、「ストップ！」と言ってすぐに止めます。そして「○○さんの顔を見てごらん。どんな顔をしているかな」と聞き、相手がどう感じているかを考えさせます。

ポイント 言いっぱなしで、相手のことをまったく見ていない子どももいます。その場ですぐに確認させます。

② その子が相手の表情を確認して相手にいやな思いや悲しい思いをさせてしまったことに気づくようにします。そして、「そうですね。○○さんは泣いていますね。では、どうして泣いているんだと思いますか」とさらに聞きます。

③ 自分の言動によって相手が悲しんだり、いやな気持ちになっていると気づけたら、その場で謝らせ、次から気をつけるように伝えましょう。

般化のポイント

自分の言動に対して、相手がどんな反応をするのかをよく見る習慣を身につけさせましょう。毎回注意するのではなく、少しずつ声をかけるだけでも、振り返られるように支援していきます。

NEXT STEP ↗

●言葉 …………どっちが うれしい？（P85）
●行動 …………お顔を 見てみよう（P119）
●自己認知 ……後ろは どうかな？（P153）

トレーニング 2

みんなどう思っているかな？

ねらい

ルールやマナーがなかなか守れない子どもには、周りがどう思っているかを客観的に考えさせます。客観的に考えれば、自分の行動がよくないと気づけることが多く、マナーやルールを守ろうとするきっかけになります。

対象

保・幼　小・低学年　小・中学年　小・高学年　中学校

個別　小グループ　クラス全体

やり方

1 マナーやルールを守れていない場面で子どもに近寄って、「今の○○さんの様子、よくないんじゃない？　周りの人はどんな顔をしていますか？」と問いかけます。周りがいやだなと思ったり、困ったりしている表情に気づかせます。

マナーを守れていますか。
周りの人たちは
どう思っているでしょうか

2 そのうえで、「自分の様子はどうですか。マナーを守れていますか」などと声をかけ、自分の状況を振り返るように促します。

3 マナーやルールを守るべきであることに気づけたらほめましょう。そして、「周りにいやな思いをさせてしまうのは、○○ちゃんもいやですよね」と言って、周りの様子を見ながら、子どもが自分で気づけるように伝えます。

ポイント 周りの人にいやな思いをさせないというマナーやルールの意義も教えます。

般化のポイント

マナーやルールをしっかり教えること、自分で気がつけるように、見える場所などに掲示しておくことも大切です。クラス全体で、どんな場面でどんなマナーやルールがあるか、話し合って確認するのもよいでしょう。

口のなかに
食べものが入って
いるときに
しゃべらない

NEXT STEP

●言葉…………ふわっと言葉・ちくちく言葉（P86）
●気持ち………パーソナルスペース（P103）
●気持ち………多数決ゲーム（P117）
●行動…………あの人だったらどうする？（P139）

トレーニング 3 気持ちをはかってみよう

➡別冊 P.34

ねらい

人によって、感じ方やその程度が違うことを学びます。いろいろな場面を想定して、具体的に考えたり、周りと感じ方を比べたりします。人との違いを知って、表情を見ることの重要性を学びます。

対象

保・幼　小・低学年　小・中学年　小・高学年　中学校

個別　小グループ　クラス全体

やり方

1 気持ちを表すカードをひとり３枚ずつ配っておきます。

2 「これからいろいろな場面を説明します。どう感じるか、手元の気持ちのカードを選んで挙げてください。例えばすごくうれしいときはうれしいのカードを３枚、ちょっとだけうれしいときは１枚、中間くらいのときは２枚、カードを出しましょう」と説明します。

3 「友だちに一緒に遊ぼうと言われた」「おうちの人の手伝いをしてありがとうと言われた」「約束を守ってもらえなかった」「うそをつかれた」など、いろいろな場面でどう感じるかを考えてもらって、カードを挙げてもらいます。

ポイント 周りの人がどんなカードを何枚挙げているか見比べてみましょう。

4 最後に、感じ方に違いがあること、同じ感情でも程度が違うことを伝え、相手や周りの人の表情をよく見て、相手の気持ちを考えることが大切で重要であることを伝えましょう。

般化のポイント

年齢に合わせて、現実的な場面を具体的に考えるようにします。高学年になるにつれて、感情も複雑になります。気持ちのカードで表すのではなく、言葉で表現してもらってもよいでしょう。

NEXT STEP ↗

●言葉 …………どっちがうれしい？（P85）
●気持ち ………自分の気持ちを振り返ろう（P95）
●気持ち ………多数決ゲーム（P117）

トレーニング 4

言葉にあった表情はどれ？

➡別冊 P.34

ねらい

自分の気持ちを正しく相手に伝えるためには、言葉と表情のマッチングが大切です。自分の気持ちがきちんと伝わるようにするには、どんな表情で伝えたらよいか、自分の表情や声の調子などに気づかせるトレーニングです。

対象

保・幼　小・低学年　小・中学年　小・高学年　中学校

個別　小グループ　クラス全体

やり方

❶ 表情の絵カードを用意しておきます。子どもが落ち着いているときに、「自分の気持ちを友だちに伝えたいとき、みんなはどうやって伝えますか？」と聞き、考えてもらいます。

ポイント 「話して伝える」「手紙で伝える」など、いろいろな伝え方を考えてもらいます。言うときの表情にも気づけるようにします。

❷ 表情も大切だと気づけたら、うれしい顔、悲しい顔、困った顔の表情の絵カード見せ、「友だちに『楽しいね』と伝えるとき、どんな顔をするかな？」と聞き、そのときにかける言葉やその言葉を言う自分の表情を想像しながら絵カードを選んでもらいます。いろいろな場面での表情を考えてもらいましょう。

ポイント 3つの絵カードから選んでもらうのがポイントです。正しいものがはっきりわかるような選択肢を用意します。

❸ 最後に「自分の気持ちや考えを伝えたいときは、相手の気持ちを考えながら自分の表情や声の調子、大きさなど、伝え方にも注意できるとよいですね」と伝えます。

友だちに『楽しいね』と
伝えるとき、みんなはどんな
顔をするかな？
思い出してみましょう

般化のポイント

普段から、人とのかかわりや授業の発表などのなかで、うまく表情や雰囲気をつくって伝えようとしている場面があればほめ、みんなで振り返れるようにします。なかには、怒られているときに、ごまかそうとして笑ってしまう子どもがいます。相手が怒っているときに笑っていると、まじめに聞いていないと思われてもっと相手を怒らせたり、相手を傷つけてしまうことを教えていきましょう。

NEXT STEP ↗

- 言葉 …………ふわっと言葉・ちくちく言葉（P86）
- 気持ち ………気持ち絵カード（P109）
- 気持ち ………励ましてあげよう（P116）
- 行動 …………目上の人と話すときは？（P129）

Part 4

ソーシャルスキルトレーニングの導入例

園生活や学校生活のなかにソーシャルスキルトレーニングを取り入れていくためには、どうしたらよいでしょうか。園や学校の活動の特徴に合わせて、取り入れ方、体制のつくり方を工夫していきましょう。

実践編

園や学校でトレーニングを行う意味

普段の活動のなかにトレーニングを盛り込むことができるなど、園や学校で行うソーシャルスキルトレーニングにはさまざまな利点があります。

園や学校で取り組む利点

ソーシャルスキルトレーニングは、これまで通級指導教室や特別支援学級、特別支援学校で多く行われてきました。しかし、子どもたちが遊びや生活のなかでソーシャルスキルを学ぶ機会が減っていること、苦手意識をもつ子どもが増えていることなどから、最近では通常学級でも積極的に行われるようになってきています。

園や学校でソーシャルスキルトレーニングを行う利点は、より実践的な練習ができることにあります。同年代の発達の度合いが近い子どもが一緒にトレーニングを行うことで、より身につきやすくなります。また、子どもが困ったり悩んだりする前に問題の解決方法を「予習」することができれば、子ども同士のトラブルも起こりにくく、起こってしまったとしても、解決しやすくなるでしょう。

子ども同士の関係を生かして行えることもポイントです。友だちと一緒ならトレーニングへの抵抗感も少なくなりますし、より楽しく取り組めます。

クラス全体で取り組むことで、習ったスキルを友だちが使おうと努力していることに気づきやすいという利点もあります。互いに声をかけたり、助け合ったりすることが自然にできるようになり、互いを思いやる雰囲気がクラスに生まれます。友だち同士でトラブルになっても、相手のことを考える気持ちの余裕や、互いに歩み寄ろうとする意識が生まれ、子ども同士で解決がしやすくなります。

トレーニングを取り入れる時間

ソーシャルスキルトレーニングは、いつでも、どこでも行うことができます。園や学校のルーティンの活動のなかに組み込んで、トレーニングそのものを習慣にし、定期的に行うとなおよいでしょう。

例えば、朝の会や帰りの会の時間は、短いトレーニングを行うにはちょうどよい長さです。授業の始めの10分間を使ってもいいでしょう。給食や当番活動の時間もルールを学ぶのに適しています。

長めのトレーニングを行う場合は、園なら集まりの時間、学校なら学級活動や道徳の時間などを利用します。長めの昼休みがある学校では、その時間を使って取り組んでいるところもあるようです。

それぞれの子どもに対する個別のトレーニングは、授業の合間の休み時間や放課後の時間を有効利用するとよいでしょう。

トレーニングプログラムの選び方

ソーシャルスキルトレーニングを選ぶときは、子どもが直面している、あるいは直面しそうな課題に沿ってトレーニングを行います。

事前に1年や半年間など、長期間のプログラムをつくって取り組むこともあります。学校行事や学習内容などに合わせて計画を立てていくとよいでしょう。

一度立てた計画は必ずしも最後までやり通さなければいけないわけではありません。こまめに見直して、子どもが理解できているか、内容が現状に合っているかに留意して、適宜変更しましょう。

園や学校でのソーシャルスキルトレーニング

園や学校でソーシャルスキルトレーニングを行うことで、子ども同士の関係を生かすことができ、より実践的なトレーニングが行えます。トラブルが起きても、自分たちで解決しようと努力することもできます。

実践編

保育園・幼稚園での取り入れ方

園でのソーシャルスキルトレーニングは、繰り返し活動しやすい、活動の自由度が高いなどの園の特徴を生かします。

保育園・幼稚園の活動の特徴

保育園や幼稚園の活動の特徴は、毎日繰り返すルーティンの活動が多いこと、活動の自由度が高いこと、そして個別の支援が行いやすいことです。

幼児期は人とかかわる経験が少なく、生活上のルールも理解していません。そのため、人とかかわる方法やルールを、クラス全体に教えていくことが大切です。

一方で、保育園・幼稚園の子どもは月齢差や個人差が大きく、トラブルが多く起こるものです。自己肯定感もまだしっかりと育っていません。園でのソーシャルスキルトレーニングでは、個別の対応も同時に行っていきます。

幼稚園・保育園での取り入れ方

園でのソーシャルスキルトレーニングは、園生活のルーティン活動をうまく生かして取り入れていくとよいでしょう。そのなかで、習慣として活動やルールを身につけられるように支援します。

また、季節の活動や行事に合わせて、まとまった時間で行うトレーニングを取り入れていくと、クラス全体で楽しく取り組めます。

登園時

朝は気持ちのよいあいさつで子どもたちを迎えましょう。あいさつは人とかかわるきっかけとなる大切な習慣です。保育者や友だちと、気持ちよくあいさつを交わせるようなトレーニングを行います。

登園したら、かばんを自分の棚にしまったり、コップや連絡帳など、必要なものを所定の位置に出したりします。友だちと会えてうれしい、早く遊びたいという気持ちを抑えて、決められた支度がきちんとできるようにします。

自由遊びの時間

登園後、身支度を終えたら、自由遊びの時間としている園が多いようです。3歳くらいからは、友だちと一緒に遊べるようになります。なかなか友だちと遊べない子どもには、保育者が声かけをしたり、きっかけをつくったりすることで、まずは人とかかわることを楽しく感じられるように支援します。

友だちとのかかわりが増えると、トラ

園の一日の流れとソーシャルスキルトレーニングの例

園の活動のなかにソーシャルスキルトレーニングを取り入れる場合は、ルーティンの活動をうまく利用するようにします。園生活のなかの決まりごとを守れるような支援を行っていきます。

朝

登園

●あいさつをする	★保育者や友だちと気持ちよくあいさつをする
●朝のしたくをする ●手洗い・うがい	★遊びに行きたい気持ちをコントロールして、やるべきことをする

自由遊び

●好きな遊びを選んで取り組む	★自分がやりたい遊びを伝える
●友だちと楽しく遊ぶ	★友だちに「遊びに入れて」「一緒にやろう」と声をかける ★友だちや保育者にものを借りるときに、適切な言葉をかける

集まり

●大人数で楽しめる活動（トレーニング）	★保育者の指示をよく聞く ★活動の意図やルールを理解して遊ぶ ★集団行動をする ★うまくできなかったり、ゲームに負けたりしても気持ちを切り替えてチャレンジする
●片づけ ●手洗い・うがい	★遊びたい気持ちをコントロールして、指示に従って片づける

昼

給食・お弁当

●配膳	★給食当番などの役割を理解して行う
●みんなで楽しく食事をする	★食事のルールを知り、守る ★友だちと楽しく話しながら食べる
●片づけ	★友だちと協力して片づける

午後

自由遊び

●午前中の活動の続きをしたり、好きな遊びをしたりする	★わからないことは保育者に質問する

降園準備

●帰りのしたくをする	★遊びたい気持ちをコントロールして帰る支度をする ★一日の活動を振り返る
●あいさつをする	★保育者や友だちに帰りのあいさつをする

ブルも増えていきます。子どもたちはトラブルのなかで学んでいくので、そうした機会を逃さないようにしながら、友だちと一緒に遊ぶときのルールを教えていきましょう。

集まりの時間

集まりの時間には、グループやクラス全体など、みんなで取り組むトレーニングを導入します。個人やグループで競うゲームや、運動や動作の入った活動など、大人数でやると楽しいトレーニングを積極的に取り入れます。

大人数で取り組むトレーニングをするときは、活動の始めにねらいやルールをわかりやすく説明しておきます。うまくいかないとかんしゃくを起こしたり、やめてしまったりする子どももいます。勝ち負けのあるゲームを行うときは、勝敗だけではなく、ルールを守ることやチャレンジすること、諦めないことが大切であることも、しっかり伝えましょう。

集まりの時間には、季節や園の行事にかかわる活動も積極的に行うようにし、そうした活動のなかにソーシャルスキルトレーニングを組み込んでいくとよいでしょう。例えば、春は友だちに興味をもってかかわれるようになるトレーニング、運動会のときには集団行動につながるトレーニング、1年のしめくくりには振り返りと次の目標を立てるトレーニングなどが考えられます。

給食・お弁当の時間

給食やお弁当の時間は、食事のマナーを身につけ、同年代の友だちと一緒に食事を楽しむことを学ぶ時間です。

食事のルールやマナーを教えるだけでなく、同時に、自分自身を振り返れるように支援するとよいでしょう。食育にもつなげていきます。

友だちとのかかわりの支援では、食事のときに話す話題を提供するとよいでしょう。とくに給食は、みんなで同じものを食べるので、一体感が得られやすく、よりかかわりがもちやすくなります。野菜の栽培やさつまいも掘りの機会もうまく活用していきましょう。

幼稚園・保育園での年間計画

年間計画を立てるときは、子どもたちの関係や季節の行事を考慮して作成するとよいでしょう。

新しい子どもたちが園に入ってくる春は、友だち関係をうまくつくれるようなプログラム、運動会がある秋はルールを守ることを意識できるようなプログラム、劇や歌の発表会を控えた冬は、大勢の人の前に立てるようにするプログラムなどが考えられます。

年間計画の例

運動会や発表会、遠足やさつまいも掘りなどの園外保育の機会をソーシャルスキルトレーニングにも生かします。

	おもな園の行事等	ねらい	ソーシャルスキルトレーニングの取り組み
4月	・入園式	園の生活や新しいクラスに慣れよう	あいさつのトレーニングを中心に行って、担任の保育者との信頼関係をつくる →「おはよう」競争、お顔を見てみよう　など
5月	・こどもの日 ・遠足	クラスの友だちを意識しよう	担任の保育者に慣れてきたら、友だちに目を向けられるようにする →グループづくり、後ろにいるのはだあれ？　など
6月	・梅雨	いろいろなルールを知ろう	友だちと仲よく遊ぶルールについて知っていく →ドキドキ！　ばくだんリレー、整理券、あなたは何番？　など
7月	・プール開き ・七夕祭り	友だちとのかかわりを深めよう	言葉の理解を深め、友だちと楽しく遊べるようにする →選んでみよう、風船バレー　など
8月	・夏休み		
9月	・防災訓練	安全に気をつけて行動しよう	保育者の指示に従って、見通しを立てて行動できるようにする →姿勢はどうかな？、3つだけやってみよう　など
10月	・運動会	集団での行動ができるようにしよう	みんなで一斉の活動ができるようにする →ここで深呼吸、上手にまねっこ　など
11月	・さつまいも掘り	友だちに優しい言葉をかけよう	友だちの様子に気を配れるようにする →ふわっと言葉・ちくちく言葉、気持ち絵カード　など
12月	・クリスマス ・餅つき	友だちと楽しいことを共有しよう	友だちに共感しながら楽しい時間を過ごせるようにする →触れ合い遊び、みんな協力！　ハンドベル　など
1月	・冬休み ・正月	友だちのことをもっとよく知ろう	自分と違う考え方や感じ方があることを意識できるようにする →パーソナルスペース、後ろはどうかな？　など
2月	・節分 ・発表会	1年を振り返ろう	1年を振り返って自分の成長を感じ、自信をもつ →私のプロフィール、振り返りワークシート　など
3月	・ひな祭り ・卒園式 ・進級・進学	進級や進学を楽しみにしよう	進級や進学を意識し、目標をもったり楽しみにしたりできるようにする →忍者タイム、目標を立ててみよう　など

実践編

小学校での取り入れ方

楽しく人とかかわる経験を積み重ねながら、社会生活、集団生活を送るうえでのマナーやルールを具体的に学べるようにします。

小学校の活動の特徴

　多くの小学校が、ほとんどの科目を担任教諭が行う学級担任制をとっています。とくに低学年の子どもたちは、各科目の学習だけでなく、文字の書き方やノートのとり方など、学習の基礎や姿勢、態度などを総合的に学ばなければいけません。担任の教師が一日の全体の活動を見ることで、きめ細かい指導が可能になり、また定着を図りやすくなります。

　小学校では、同年代や異学年の友だち、大人とのかかわり方のほか、集団行動や社会において決められているルールなど、保育園・幼稚園から学んできた社会生活全般に通じる考え方への学びをさらに深めていかなければなりません。考える力、学びに向かうときに必要な力を身につけさせることが大切です。

　高学年では、芸術などの一部の科目で教科担任制を導入している学校もあります。教科担任制の利点は、ひとりの子どもに接する教師が多くなることです。複数の教師が捉えた子どもの実態から、子どもへの支援のアイデアを広げていくことにつながります。

　教師は、子どもにかかわるいろいろな関係者と連携をとり、トレーニングを進める必要があります。ときには子どもが話しやすいと感じている教師や関係者に個別のトレーニングをお願いしてみたり、積極的にほめてもらったりするなど、協力を仰ぎましょう。

小学校での取り入れ方

　5分から20分程度の短い時間で取り組めるソーシャルスキルトレーニングは、朝の会や帰りの会、休み時間などで取り入れている学校が多いようです。トレーニング内容によっては、給食や当番活動の時間などを使ってもよいでしょう。授業中のちょっとした時間に取り入れることもあります。

　まとまった時間で行うトレーニングは、学級活動や道徳の時間を使って行うことが多いようです。

朝の会

　一日の始まりに行う朝の会では、その日を気持ちよく過ごせるように、クラス

小学校の一日の流れとソーシャルスキルトレーニングの例

小学校でのソーシャルスキルトレーニングは、ゲームなどをうまく取り入れて、ルールやマナーを伝えながら、友だちと楽しくかかわる経験を積ませましょう。

朝

登校	
●あいさつをする……	★教師や友だちに気持ちよくあいさつをする
●当番の人は職員室に日誌を取りに行く…	★決められた役割を果たせるようにする
朝の会	
●出欠をとる……	★呼ばれたら返事をする ★友だちの様子を知る
●一日の予定を確認する……	★一日の見通しや目標を立てる
●朝の活動をする……	★読書週間や縄跳び週間などの決まった活動をする。スピーチなどのクラスの活動があるときはそれを行う
休み時間	
●次の授業の準備をする…… ●教室移動があるときは移動する…… ●体育の時間の前後では着替えをする…	★時間割を確認したり、周りを見たりしながら行動する
午前の授業	
●それぞれの科目の学習を行う……	★教師の話をよく聞く ★集中して活動に取り組む ★ルールを守って発言したり、人の意見を聞いたりする ★グループ活動では協力して課題に取り組む

昼

給食	
●給食当番が配膳をする……	★気持ちをコントロールしてみんなのために当番活動をする
●当番以外の人は給食の準備をする	
●マナーを守って仲よく食べる……	★食事のルールを守る
昼休み	
●好きな遊びを楽しむ……	★友だちと仲よく遊ぶ ★トラブルが起きたときは、協力し合って問題を解決したり、教師に助けを求めたりする
清掃	
●掃除当番は掃除をする……	★遊びたい気持ちをコントロールしてみんなのための当番活動をする

午後

5時間目	
●それぞれの科目の学習を行う	
帰りの会	
●その日の反省を行う……	★その日の活動を振り返る ★できたことやできなかったことを振り返り、翌日につなげる
●翌日の活動と持ち物を確認する……	★翌日の活動の見通しを立てて、期待する
下校	
●さようならのあいさつをする……	★気持ちのよいあいさつをして、教師や友だちと別れる

でルールを確認し合ったり、その日の目標を立てたりするとよいでしょう。時間通りに行動するために必要な見通しを立てられるように、一日のスケジュールを確認することも大切です。

また、クラスのメンバーが交代で行う1分間スピーチのような活動は、朝の会のなかで行ってもよいでしょう。

休み時間

授業の合間の休み時間は、授業の準備を行う時間です。教室移動がある場合もあります。子どもたちが、次の授業に向けてしっかりと準備できるような支援を行います。

クラス全体と、個別の支援のどちらも重要です。子どもたちが声をかけ合えるように指導すると、互いに助け合う雰囲気ができますし、教師自身の負担を減らすこともできるでしょう。

スキルがなかなか身につけられない子どもがいても、怒ることはせず、どうしたらできるようになるか、友だちも含めてみんなで考えます。個々ができているだけでなく、クラス全体ができることに意味があることを伝えましょう。

科目の授業

科目の授業の導入として、あるいは集中力が途切れそうになったときに、気分転換にソーシャルスキルトレーニングを取り入れると、授業に興味をもたせたり、楽しく取り組めるようにしたりできます。とくに、言葉のスキルは国語の授業、ルールなど行動のスキルは体育や音楽の授業などとも関連しているので、導入しやすいものです。

グループ活動は、1、2年生の生活科や3年生からの理科、社会科で取り入れやすいでしょう。ワークシートを活用すると、活動内容がわかりやすくなります。

学級活動、道徳の時間

学級活動や道徳の時間を使うと、実践的な練習の時間をより多くとることができます。休み時間や朝の会などの短い時間のなかでは、モデリングから般化までを同じ時間内で行うことは難しいですが、学級活動などの時間のなかでは、同じ時

Voice

教科の指導がうまくいかず悩んでいたときに、ソーシャルスキルトレーニングを知りました。本を読んだり、学校のコーディネーターに聞いたりしながら、朝の会や体育の授業の始めなどに10分程度でできるものから始めました。すると、3ヶ月くらい経った頃から、授業にスムーズに入れる子どもや話を上手に聞ける子どもが増えてきたと実感できるようになり、学習指導にも手ごたえが感じられるようになっていきました。

それまでは、宿題を忘れてきた子や指示に従えなかった子どもを、頭ごなしに怒ってしまうこともあったのですが、ソーシャルスキルトレーニングに取り組むうちに、どうして子どもがそのような行動をとったのかを、私自身が子どもの立場に立って考えられるようになって、以前よりも子どもとの信頼が深まったように思います。

間内で、一連の流れを行うことができます。

このとき、できるだけ子ども自身が考えたり、実際にやってみたりする時間を多めにつくりましょう。考えたことや活動の振り返りを、クラス全体で発表し合えると、学びがより多くなり、クラスの雰囲気づくりにも役立ちます。

給食

子どもたちにとって、給食は一日のなかでもっとも楽しみな時間のひとつです。楽しく食事ができるように、マナーをみんなでしっかり確認し、おかわりなどのルールをクラスでしっかり決めておくことが大切です。

お休みの子どもがいて余った、みんなが好きなデザートを、午前中のトレーニングの「ごほうび」として提示してもよいでしょう。ごほうびがあると、トレーニングをがんばろうという意欲につながります。

このとき、トレーニングを行う前に、ごほうびは何か、どうしたらごほうびが

年間計画の例（低学年）

クラスの雰囲気づくりを考えながら計画を立てます。運動会、学芸会など、学校行事をうまく活動に取り入れていきましょう。

	おもな学校行事等	ねらい	ソーシャルスキルトレーニングの取り組み
1学期	入学式 遠足 運動会 七夕 プール開き	学校生活に慣れ、教師や友だちをよく知ろう	・自分からあいさつができるようにする ・友だちに着目できるようにする ・自分の気持ちを言葉で表現できるようにする →サインであいさつ、選んでみよう、お願いしてみよう　など
2学期	防災訓練 遠足 学芸会 ハロウィン クリスマス	ルールをしっかり守って、楽しい学校生活を送ろう	・人の話を上手に聞けるようにする ・授業中のルールを知り、守れるようにする ・友だちの様子に合わせた言葉をかけられるようになる →姿勢はどうかな？、忍者タイム、どっちがうれしい？　など
3学期	正月 縄跳び大会 ６年生を送る会	１年を振り返り、進級に期待をもとう	・宿題や持ち物を忘れないようにする ・１年間を振り返り、来年の目標を立てる →キーワードクイズ、後ろはどうかな？　など

もらえるかなどを、しっかり提示しておくことが大切です。黒板の上や横に「本日のごほうび」と記入した絵や写真を掲示しておくのもよいでしょう。

帰りの会

その日の活動を振り返り、明日の活動に向けて期待をもてるようにするのが帰りの会です。

まずは、朝の会で確認したルールが守れたか、目標は達成できたかなど、一日の振り返りを行い、その習慣が身につくように支援することが大切です。

振り返るときは、必ずよかったところとできなかったことの両方を挙げるように指導します。自分自身では上手に振り返れない子どももいますから、適宜質問をしたり、ヒントを出したりしながら、振り返れるようにします。

自分自身の振り返りだけでなく、クラス全体や、「いいところをみつけよう！（88ページ）」などのように、子ども同士が互いに成長を認め合えるようにします。

そして、翌日の予定を確認したり、目

年間計画の例（中学年）

小学校中学年になると、学習内容が増え、レベルも上がります。授業の導入にソーシャルスキルトレーニングを取り入れ、興味がもてる工夫をしましょう。

	おもな学校行事等	ねらい	ソーシャルスキルトレーニングの取り組み
1学期	入学式 遠足 運動会 七夕 プール開き	新しいクラスに慣れ、教師や友だちをよく知ろう	・友だちとよい関係を築けるようにする ・目上の人には敬語で話せるようにする ・時間を守って行動できるようにする →指名あいさつゲーム、目上の人と話すときは？、困るのは誰かな？　など
2学期	防災訓練 林間学校 学芸会 ハロウィン クリスマス	クラスみんなで協力して、行事を盛り上げよう	・友だちと協力してひとつのことをやり遂げ、達成感を得られるようにする ・わからないことは質問できるようにする ・自分のものを管理し、整理整頓ができるようになる →ひとり１色！　ペインティング、箱の中身は何だろう？、後ろはどうかな？　など
3学期	正月 縄跳び大会 ６年生を送る会	１年を振り返り、進級に期待をもとう	・場面に合わせた行動ができるようにする ・１年間を振り返り、来年の目標を立てる →あの人だったらどうする？、振り返りワークシート、目標を立ててみよう　など

標を立てたりして、翌日の活動に期待がもてるようにしていきます。

小学校での年間計画の立て方

年間の計画は、学習の内容や学校行事を考慮しながらつくります。

1学期は新しいクラスや担任の教師、新しい科目に慣れる時期です。クラスの雰囲気がつくられる大切な時期なので、クラス全体で楽しく取り組めるプログラムや、友だちを知るきっかけをつくるプログラムを選択します。2学期は遠足や学芸会などの行事がたくさんあります。ルールを守ったり、新しいことに挑戦したりできるような環境がつくれるよう、プログラムを選択します。3学期は1年間の自分の振り返り（自己認知）を行います。そして次の学年に向けて目標などを立てたり、気持ちを切り替えたりして準備していく時期です。ソーシャルスキルについても総括し、進級・進学を楽しみにできるような準備をします。

年間計画の例（高学年）

小学校高学年では、友だちとの関係をこれまで以上に意識するようになります。
よい関係を築けるようなトレーニングを多く取り入れていくとよいでしょう。

	おもな学校行事等	ねらい	ソーシャルスキルトレーニングの取り組み
1学期	入学式 遠足 運動会 プール開き	新しいクラスに慣れ、教師や友だちをよく知ろう	・友だちとの違いに気づき、いろいろな見方ができるようにする ・自分の行動の結果を振り返ったり予想したりできるようにする →みんな同じに見えている？、平均台じゃんけん　など
2学期	防災訓練 修学旅行 学芸会 ハロウィン クリスマス	年下の子どもなど、周りの人に配慮した行動をしよう	・相手に気配りができるようにする ・見通しを立てながら、行動できるようにする ・わからないことや困ったことを自分から相談できるようにする →これは許せる？、この後どうなる？、教えて！　なぞなぞゲーム　など
3学期	正月 縄跳び大会 卒業式	1年を振り返り、進級・進学に期待をもとう	・友だち同士のトラブルをうまく解決できるようになる ・進級・進学後の自分の姿や役割を理解する ・1年間を振り返り、来年の目標を立てる →自分の気持ちを振り返ろう、けんかした子のよいところは？、自分インタビュー　など

実践編

中学校での取り入れ方

思春期の子どもにソーシャルスキルトレーニングを行う場合は、ねらいをしっかり伝え、意欲を引き出すことが大切です。

中学校の活動の特徴

中学校の子どもたちは思春期にあたる時期にあります。からだは急激に発達し、性への意識が芽生え始めます。ホルモンが急激に増加するため、イライラしやすくなったり、からだやこころの変化に戸惑ったりして、情緒が不安定になりやすくなります。

自我が強くなり、物事を客観的に、本質的に見ようとし始める時期でもあります。友だちを優先し、親や教師などの大人に対しては批判的になります。自立心が強くなって干渉をいやがる一方で、放っておかれると不安になりやすいなど、矛盾した言動が見られるのも特徴です。

中学校の活動の特徴

中学校では、本格的な教科担任制が始まります。教科専任の教師が授業を担当することによって、より専門的でわかりやすい授業となります。

子どもたちがさまざまな教師（大人）と接することができるという利点もあります。多くの大人と接することで、多様な価値観に触れることができます。思春期の子どもにとって、さまざまな価値観があることを知ることは重要なことです。価値観や考え方が合うこともあれば、合わないこともあるでしょう。物事を異なる観点から見る力を養うためにも、考える機会を多く与えることが大切です。

一方で教科担任制となることで、一人ひとりの子どもをていねいに細かく見ていくことが難しくなります。また思春期という不安定な時期で、こころの形成や人間観、社会性を育む重要な時期でもあるため、担任は各教科担任の教師と連携していくことが必要かつ重要になります。

中学校での取り入れ方

思春期は、本格的な反抗期でもあります。そのため、身近な大人の言動に素直に従えなくなります。ソーシャルスキルトレーニングについても、素直に指示に従わなかったり、わざとわからないふりをしたり意欲的な参加姿勢が得られにくい時期でもあります。

中学校でのソーシャルスキルトレーニング導入の留意点

思春期の子どもは周り、とくに友だちからどう思われているかを気にします。クラス全体の活動と、個別のトレーニングのバランスを考えて行います。

クラス全体で取り組む

・理由づけをしっかりと行い、ソーシャルスキルを身につける理由、ソーシャルスキルトレーニングの効果などを説明する
・学校行事やイベントなど、子どもの興味があることに関連づけ、意欲を引き出す

個別に取り組む

・友だちに指導を受けているところを見られたくない子どももいるので、タイミングや場所に配慮する
・落ち着いた雰囲気でできるようにする

そのため、トレーニングを行う際の動機づけが大切です。授業の始めに「なぜこのスキルを学習する必要があるのか」「このスキルを身につけることで、どんなふうに変われるか」「どんなよいことにつながるか」などをわかりやすく説明していきます。

中学生が学ぶソーシャルスキルは高度なもの、時間のかかるものが多くなります。道徳や学級活動の時間など、まとまった時間を確保できるとよいでしょう。トレーニングを行う前に、子どもたちの気持ちをほぐせるように子どもの興味に関連づけるなどの工夫も大事です。

また、思春期の子どもにとって、友だちとのかかわりはとても重要です。友だちにどう思われるかを気にする時期なので、個別に指導を行う際は、タイミングや場所などに配慮して行うようにしましょう。放課後の時間や職員室などを有効に使うといいでしょう。

実践編

通級指導教室などでの取り入れ方

通常学級以外の学びの場では、より日常的にソーシャルスキルトレーニングを取り入れていくことが重要です。般化を意識して行います。

いろいろな学びの場

すべての子どもの教育の充実を図るため、2007(平成19)年から「特別支援教育」が始まっています。これは、障害の有無にかかわらず、幼児から高校生までの子ども一人ひとりについて、それぞれのもっている能力を高め、生活や学習上の困難を改善したり克服したりできるように、適切な指導と支援を行うというものです。

特別支援教育では、子どもと保護者が子どもの状況に合わせて、教育の場を選択できるようになっています。

通級指導教室

障害などに応じた個別の特別な指導を受けられる教室です。対象になるのは、言語障害、自閉症、情緒障害、弱視、難聴、学習障害(LD)、注意欠陥・多動性障害(ADHD)などがあり、通常学級に通っている子どもです。必要に応じて週に1~8時間程度、通常学級と併行して通います。

特別支援学級

障害の種類に応じた少人数の学級で、一人ひとりのニーズに応じた教育を行うのが特別支援学級です。知的障害や肢体不自由、身体虚弱、弱視、難聴、言語障害などがある子どもが対象になっています。

特別支援学校

障害の程度が比較的重い子どもは、特別支援学校に通うと、より専門性、個別性の高い教育を受けることができます。

ソーシャルスキルトレーニングの取り入れ方

通級指導教室や特別支援学級、特別支援学校に通う子どもたちのなかには、他者とのコミュニケーションや、自らの行動を振り返ったり、そこから学んだりすることが苦手な子どもが多くいます。そのため、通常学級に比べて、より日常的にソーシャルスキルトレーニングを取り入れることが求められます。

学習したソーシャルスキルを実践する機会を教師が意識的に多く設ける、子どもがスキルを使えている場面を見逃さず、しっかりフィードバックするなど、スキルが定着することも意識して進めます。

子どもにかかわるほかの教師や保護者

との連携はとても重要です。教師や保護者によって指導内容が違うと子どもはどうしたらよいかわからずに、混乱してしまい、スキルを身につけることができなくなったり、誤った行動や考え方を身につけてしまったりします。とくに通級指導教室を利用している場合は、たくさんの教師が子どもとかかわることになるため、連携、情報共有が重要です。

通級指導教室での指導のコツ

通級指導教室などでは、学んだソーシャルスキルを実践する機会を教師が意図的に設けることが大切です。繰り返し練習し、しっかりと定着させましょう。通常学級の教師などとの連携も重要です。

実践編

協力体制をつくる

子どもの支援は担任の教師がひとりで行うものではありません。学校全体、地域全体で取り組むことが大切です。

ひとりで抱え込まない

子どもたちの気になる言動や抱えている困難、問題にもっともよく気づくことができるのは、担任をはじめとする、子どもとよく接する教師です。

子どものなかには、注意されてもなかなか改善できなかったり、ときには指示を無視しているように見えたりすることがあります。そのとき、教師は「どうして直さないのか」といらだったり、「自分の指導が至らないせいだ」「自分が悪いのだ」などと焦ったり、無力に感じてしまったりすることがあります。思わず声を荒げて、後になって後悔することもあるかもしれません。

教師が自分を責めたり、焦ったりしても、子どもへの支援は進みませんし、授業やクラスの雰囲気など、クラス全体に影響が出てしまいます。何より、教師自身が疲弊し、ゆとりをもった生活ができなくなります。すると、さらに思うように指導ができなくなって、悪循環に陥ってしまうことにつながりかねません。

教師は、子どもの困難や問題をひとりで抱え込まずに、学校や周りの教師に積極的に相談し、協力を仰いでいくことが大切です。そうすることで、子どもたちに対する支援の幅やアイデアが広がります。子どもも自分のことをみんなが気にしてくれていると実感でき、安心して指導を受けることができます。教師自身も、課題を周りと共有することで、新しい視点が生まれたり、ひとりでは気づかなかったことに気づいて、支援に結びつけたりできるようになります。なによりこころにゆとりをもって指導にあたることができるようになり、長い目で子どもの成長を見られるようになるでしょう。

学校・地域と協力して取り組もう

子どもたちへの支援は、担任の教師がひとりで行うのではなく、学校全体、地域全体として取り組むことが重要です。

特別支援教育において、学校全体として組織的に子どもを支援するための組織として、校内委員会の設置が推奨されています。校内委員会は、校長や教頭、コーディネーターなどが中心となって、子どもの実態を把握したり、支援の方針を決めたり、担当する教師に対して積極的なアドバイスや指導を行います。校内委員会のメンバーには教師だけでなく、必要に応じて、養護教諭やスクールカウンセラー、スクールソーシャルワーカー、巡回相談員なども加わります。学校全体として、子どもを指導および支援することを意識して行っていくことが大切です。

また、地域全体で子どもを支えるために、地域の特別支援学校などに協力を仰ぐことも必要です。

特別支援学校は、そこに通う子どもに教育を提供するだけでなく、地域の特別支援教育を推進するという役割も担っています。教育相談や巡回相談を行ったり、ソーシャルスキルトレーニングを子どもたちに直接指導したりすることもあります。特別支援学校と協力を密にしていくことで、より専門的な知識や情報が得られますし、支援の幅も広がります。教師のスキルアップにもつながるでしょう。

地域資源を活用し、子どもを取り巻く

子どもを支援するチームをつくる

保護者、担任教師、校長、ソーシャルワーカーなど、子どもを取り巻くすべての大人が情報を共有し、協力して子どもを支援していくことがもっとも重要です。多くの視点で、子どもの将来を見据えた支援ができるようにしましょう。

すべての大人が協力して支援していけるように、体制を整えていくことが大切です。

トレーニングは継続していく

ソーシャルスキルは普段から意識することで、日常生活のなかで使えるようになるものです。いろいろな経験を通して、生涯にわたって学んでいくものですし、定着しないうちは、忘れてしまうこともあります。直面していた課題が解決したり、守れなかったルールが守れるようになったりして、そのソーシャルスキルが学べたと判断できても、トレーニングそのものはやめずに、継続しましょう。

トレーニングを継続するとき、よりレベルの高いものを行うことも大切ですが、以前取り組んだトレーニングをアレンジし、復習することも大切です。ソーシャルスキルを日常的に意識できる環境をつくっていきましょう。

ソーシャルスキルトレーニングは、保育園・幼稚園から小学校、中学校へ進学しても継続していきます。気になる子どもや、ソーシャルスキルやコミュニケーションに困難や問題を抱えがちな子どもについては、進学先の学校に情報を事前に提供したり、進学先からの相談に応じて、取り組みを紹介したりすることが求められます。

就学支援

進学先に支援を引き継ぐ際に用いられるのが、各自治体で作成している就学支援シートです。就学支援シートは保護者が必要と感じた場合に、保護者と在籍している園や学校が協力して作成し、進学先に提出するものです。自治体により書式が異なりますが、子どもの特性やこれまでに行ってきた支援の内容と進捗、長期的な目標などを記入します。

就学支援シートを作成する場合は、これまで取り組んできたソーシャルスキルトレーニングについても記入するとよいでしょう。その子どもがどういうことをがんばってきて、どこまでできるようになったのか、今どんなことをがんばっているのかなど、できるだけ具体的に情報を提供するようにします。そうすることで、進学先でも同様の、継続した支援やトレーニングを提供することが可能になります。継続した支援によって、子どもは進学したことによる学校のルールや環境の違いに、必要以上に混乱することなく、安心して学校生活が送れるようになります。また、進学先の教師がその子のがんばりを認めてあげられるため、子どもとの信頼関係が築きやすくなります。

進学先の教師は、支援に悩んだり、子どものことでわからないことがあったりしたら、校内委員会などを通して、進学前に通っていた園や学校に支援について相談するとよいでしょう。具体的にどのようなソーシャルスキルトレーニングを行っていたのか、どのようなルールを設けていたのか、子どもがどんなことに興味があって、どんなところをほめられるとよろこぶのか、いやなこと、譲れないことは何かなど、聞いてみるとよいでしょう。また、現在の取り組みなどについても相談すると、指導のコツやアドバイスをもらえるかもしれません。ただし、

こうした内容は個人情報にあたります。情報交換を行う場合は、必ず校内委員会が保護者の了解を得てから行います。

就学は環境が大きく変化することから、子どもにとっても、大きな出来事で、不安を抱きやすくなります。不安をできるだけ早く解消し、楽しく学校に通えるように支援していきましょう。

地域の園・学校との連携

就学後も継続した支援ができるように、地域の園や学校が普段から連携しておくことは大切です。協力体制をつくっておきましょう。

こちらが前に
通っていた××保育園
の××先生です
こちらが
○○小学校の
○○先生です

Voice

私の学校では、夏季休業中に、地域の園、小学校、中学校の職員が集まって合同の研修会を行っています。コーディネーターが中心となって企画し、全職員が参加しています。

研修会では専門家を交えて、具体的な事例について相談したり、支援のアイデアを出し合ったりしています。専門家からはもちろん、ほかの園や学校の先生からもたくさんの意見が出てきます。いろいろな視点からの意見が聞けるので、新しい発見があり、毎回刺激になっています。

研修会を行うようになって、ほかの学校の先生との会話も増えてきました。いろいろな思いを共有できるようになったことで、自分の教育にも自信がもてるようになりました。地域で共通の認識がもてるようになったこともよかったです。

監修者　腰川一恵（こしかわ・かずえ）

聖徳大学児童学部児童学科教授。博士（教育学）。臨床発達心理士スーパーバイザー、学校心理士。所属学会は、日本特殊教育学会、日本発達障害学会、日本保育学会など。専門は、知的障害児のあそびの研究、障害児や発達障害にかかわる教師・保育者に関する研究、特別支援教育コーディネーターに関する研究など。障害のある子どもや気になる子に関する調査・論文多数。著書・監修書に『発達と教育のための心理学初歩』（ナカニシヤ出版）、『発達障害支援ハンドブック』（共著、金子書房）、『発達障害の子をサポートする　学習・生活支援実例集　小学校』（池田書店）など。

監修者　山口麻由美（やまぐち・まゆみ）

一般社団法人フロレゾン代表理事。臨床発達心理士。特別支援教室巡回相談心理士。東京都葛飾区の教室「フロレゾン」にて、認知や学習、言葉の発達に困難を抱える子どもたちにソーシャルスキルトレーニングや生活・学習指導を行うほか、児童発達支援事業、放課後等デイサービス事業、保育所等訪問支援事業を行う東京都認定福祉施設「ぷれゾンクラブ金町」を運営。子どもたちの発達検査を行い、特性を理解したうえで、個別の課題を作成し療育を行っている。
http://www.floraison0315.jp/

編集協力	株式会社エディポック
執筆協力	柴崎あづさ　鈴木そむ　須藤智香（有限会社ユイット）
本文イラスト	桜井葉子　さややん。　山下光恵
本文デザイン	柳田尚美（N/Y graphics）
DTP	株式会社エディポック

発達障害の子をサポートする

ソーシャルスキルトレーニング実例集

監修者　腰川一恵　山口麻由美
発行者　池田士文
印刷所　TOPPANクロレ株式会社
製本所　TOPPANクロレ株式会社
発行所　株式会社池田書店
〒162-0851　東京都新宿区弁天町 43 番地
電話 03-3267-6821㈹／振替 00120-9-60072

落丁・乱丁はおとりかえいたします。

ISBN978-4-262-15489-3

24018507

すぐに使える！
別冊
指導教材

目次

池田書店

●別冊指導教材の使い方

☆この別冊指導教材には、本文で紹介するトレーニングに使用できるワークシートや絵カードが掲載されています。コピーして使ってください。

☆クラス全体でトレーニングを行う場合は、適宜拡大してコピーをとるとよいでしょう。

☆クラスで守るルールは、教室の壁に目立つように掲示するとよいでしょう。ルールを破りそうな子どもがいたら、破ってしまう前に声をかけ、子ども自身が注意できるようにしましょう。

☆絵カードは、コピーして厚紙に貼りつけたり、クリアファイル、クリアフォルダーに入れたりして繰り返し使えるようにするとよいでしょう。マグネットシートに貼ると、黒板につけられるので便利です。

☆絵カードを手づくりする場合は、子どもにとってわかりやすく親しみのあるイラストになるよう心がけましょう。また、素材集やインターネット上で公開されているイラスト素材を活用してもよいでしょう。「ソーシャルスキル」「イラスト」などで検索します。目的にあった素材を選びましょう。

虫食い作文

なまえ

●体験《たいけん》したことについて話《はな》してみよう

いつ

（　ぼく・私《わたし》　）は　　、

だれ　　なに

と　　をしました。

見《み》たものや聞《き》いたことなど

そのとき、

を（　見《み》ました・聞《き》きました　）。

それを（　見《み》て・聞《き》いて　）、（　ぼく・私《わたし》　）

思《おも》ったこと

は、　　と

思《おも》いました。なぜならそれは、

理由《りゆう》

（　だから・　だったから　）　です。

最後《さいご》は自由《じゆう》に話《はな》してみましょう

私のプロフィール

(なまえ　　　　　　　　　　　　　　　)の得意《とくい》なことは、

例《れい》・なわとび

●考《かんが》えるヒント

なまえ

好《す》きな遊《あそ》びやスポーツは？

好《す》きな食《た》べ物《もの》は？

好《す》きな動物《どうぶつ》は？

宝物《たからもの》は？

あこがれの職業《しょくぎょう》は？

好《す》きな教科《きょうか》は？

(　　　　　　　　　　　　　　)

●自分調《じぶんしら》べワークシート

(なまえ　　　　　　　　　　　　)の基本《きほん》データ

私《わたし》は　(　男《おとこ》　・　女《おんな》　)です。

私《わたし》の誕生日《たんじょうび》は ＿＿＿＿＿＿＿＿＿＿＿＿＿＿＿＿ です。

私《わたし》の星座《せいざ》は ＿＿＿＿＿＿＿＿＿＿＿＿＿＿＿＿ です。

私《わたし》の血液型《けつえきがた》は ＿＿＿＿＿＿＿＿＿＿＿＿＿＿＿＿ です。

私《わたし》の家族《かぞく》は ＿＿＿＿＿＿＿＿＿＿＿＿＿＿＿＿ です。

私《わたし》の性格《せいかく》は ＿＿＿＿＿＿＿＿＿＿＿＿＿＿＿＿ です。

私《わたし》は ＿＿＿＿＿＿＿＿＿＿＿＿＿＿＿＿ です。

私《わたし》は ＿＿＿＿＿＿＿＿＿＿＿＿＿＿＿＿ です。

私《わたし》は ＿＿＿＿＿＿＿＿＿＿＿＿＿＿＿＿ です。

(なまえ　　　　　　　　　　　　)のよいところは、

例《れい》・友《とも》だちに優《やさ》しくできるところ

振り返りワークシート

本文P.154 自己認知 振り返りワークシート
本文P.155 自己認知 目標を立ててみよう

●目標《もくひょう》に向《む》かってがんばれたかな？　どちらかにマルをつけよう

よくがんばった　・　もっとがんばれた

●今週《こんしゅう》の感想《かんそう》

●来週《らいしゅう》はどんな１週間《しゅうかん》にする？

●来週《らいしゅう》の予《よ》定《てい》

なまえ ________________

____月____日 〜 ____月____日

●今週《こんしゅう》の目標《もくひょう》

●活動《かつどう》を振《ふ》り返《かえ》ろう

	月　日 月	月　日 火	月　日 水	月　日 木	月　日 金
今日《きょう》の活動《かつどう》					
がんばったこと					
もう少《すこ》しがんばりたいこと					

絵カード

本文P.61 言葉 選んでみよう
本文P.75 言葉 正しいのはどれ？ など

●遊び

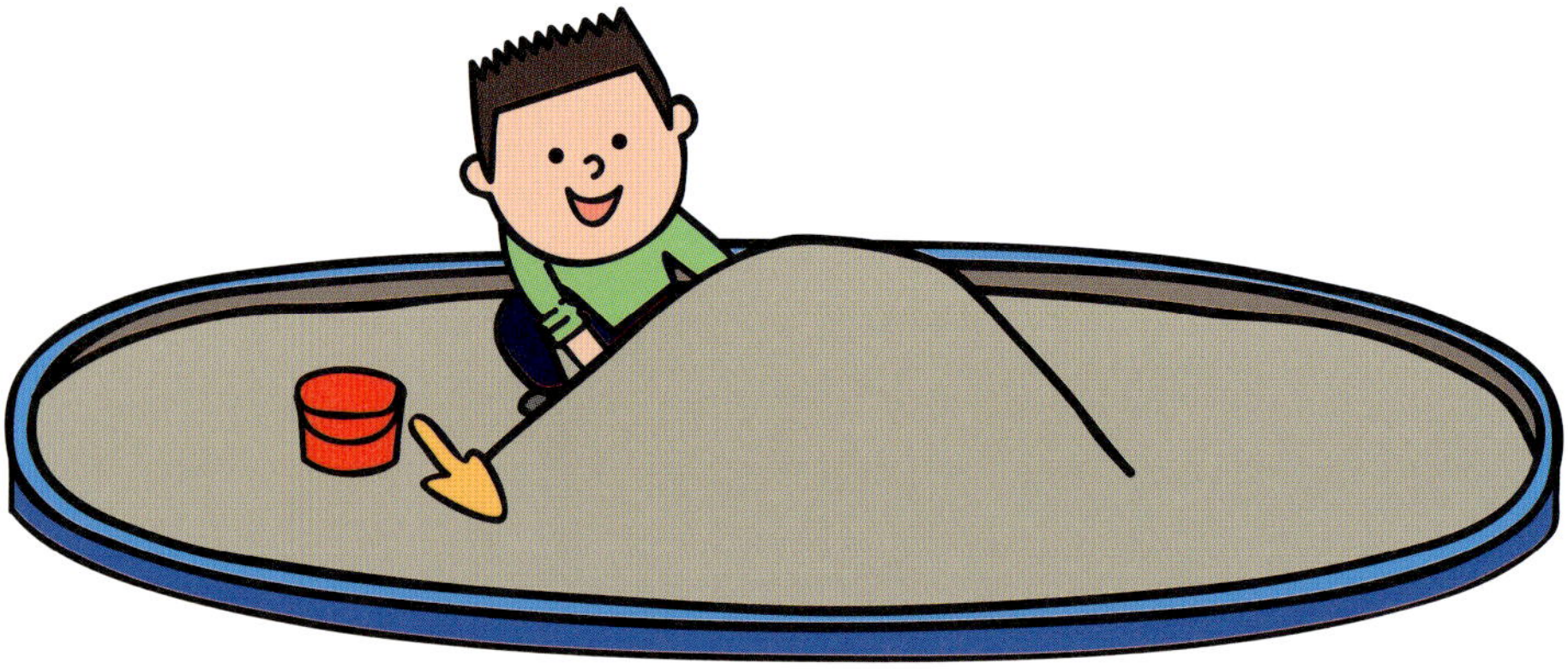

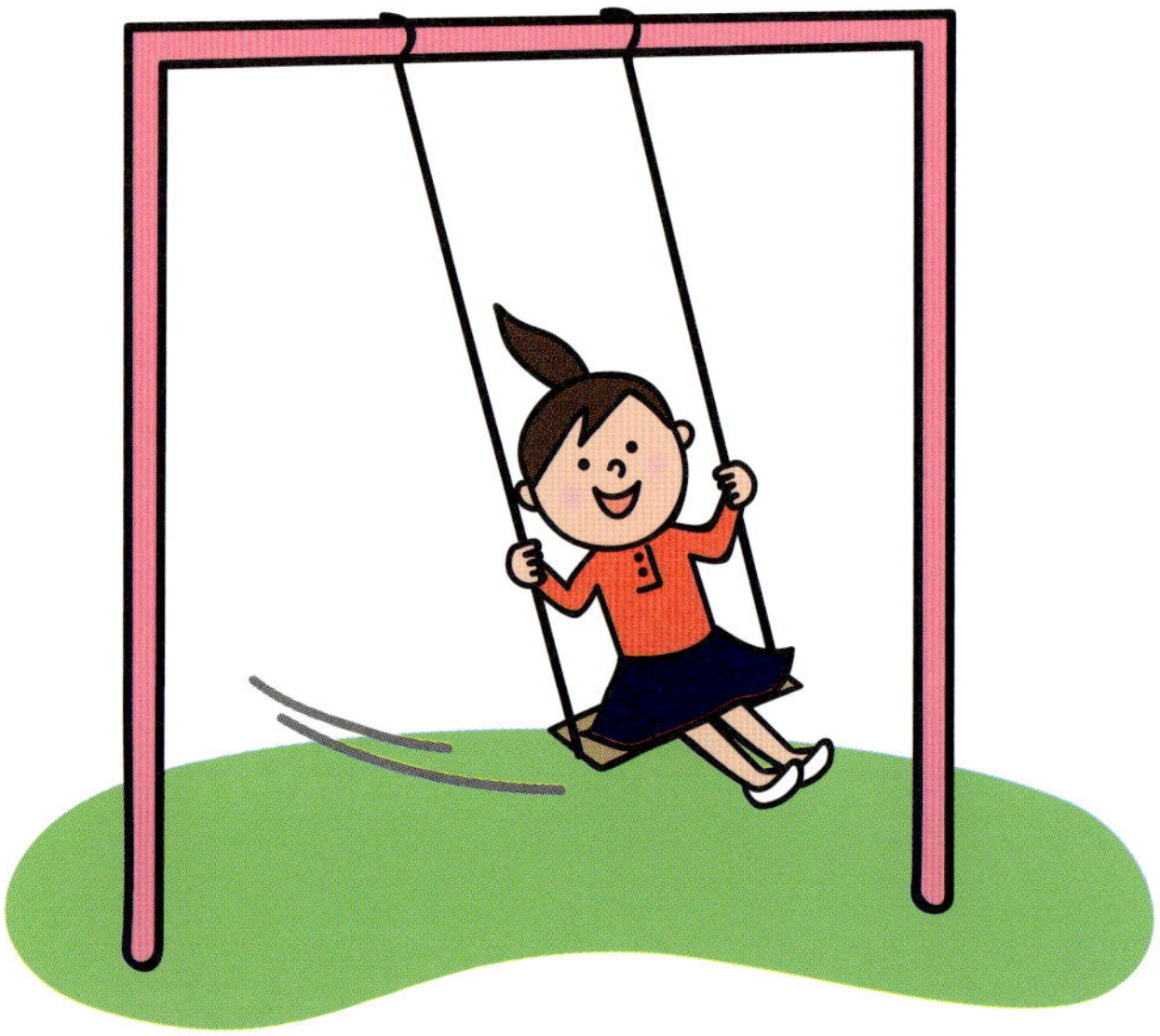

●スポーツ

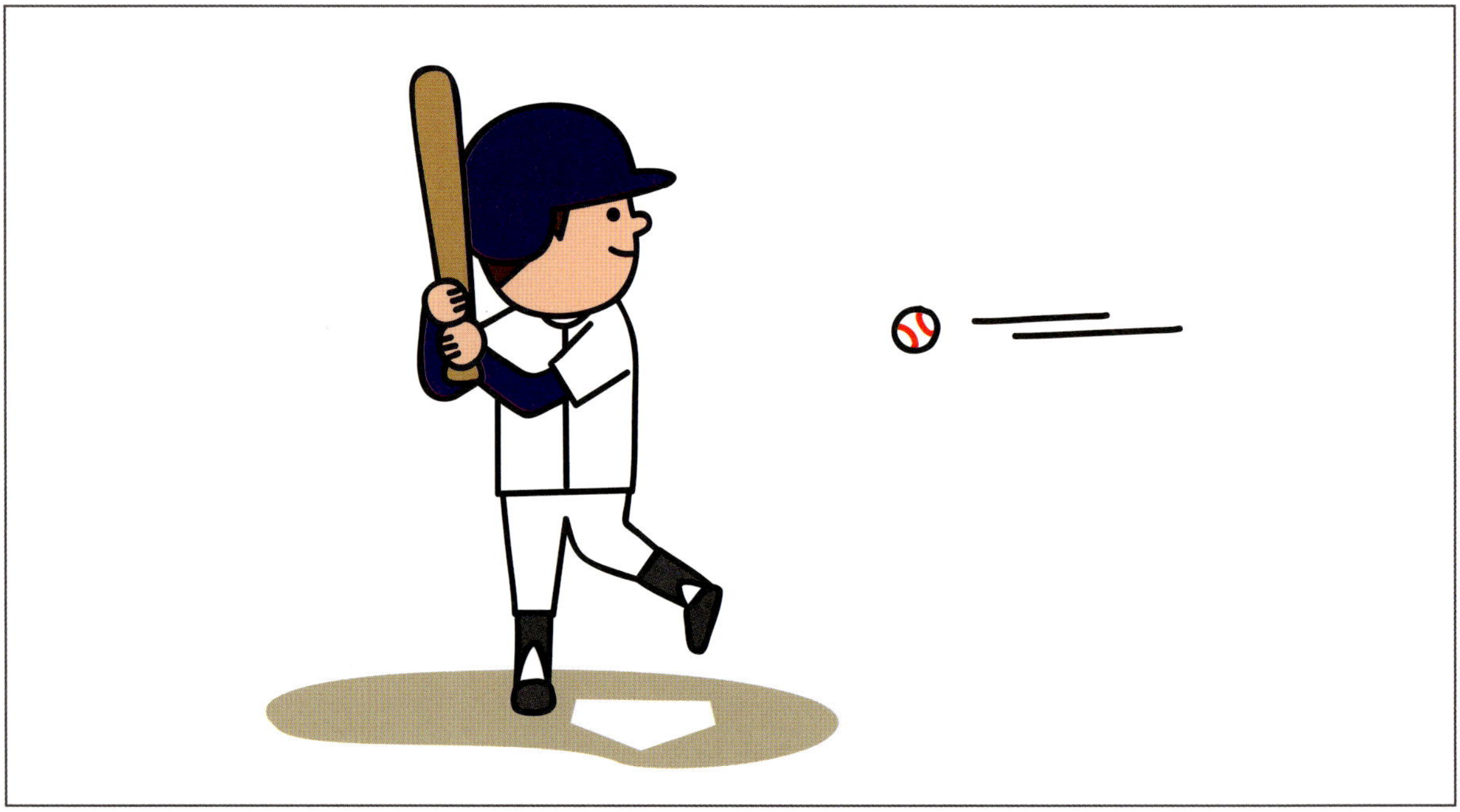

●職業

●食べ物

言葉カルタ

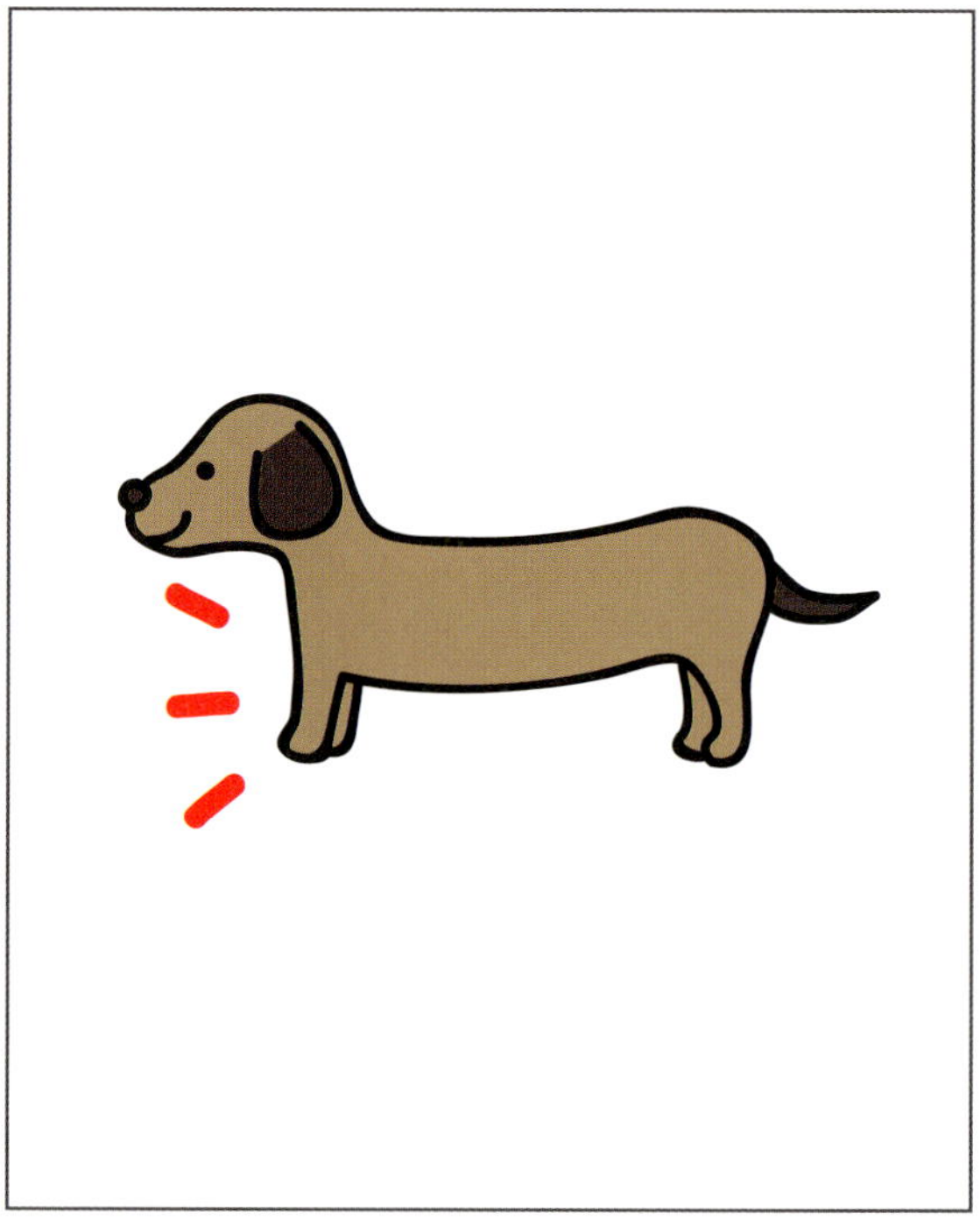

百科事典《ひゃっかじてん》

絵本《えほん》

よい姿勢・悪い姿勢

本文P.67 言　葉　姿勢はどうかな？
本文P.145 行　動　集会上手

●いすに座った姿勢

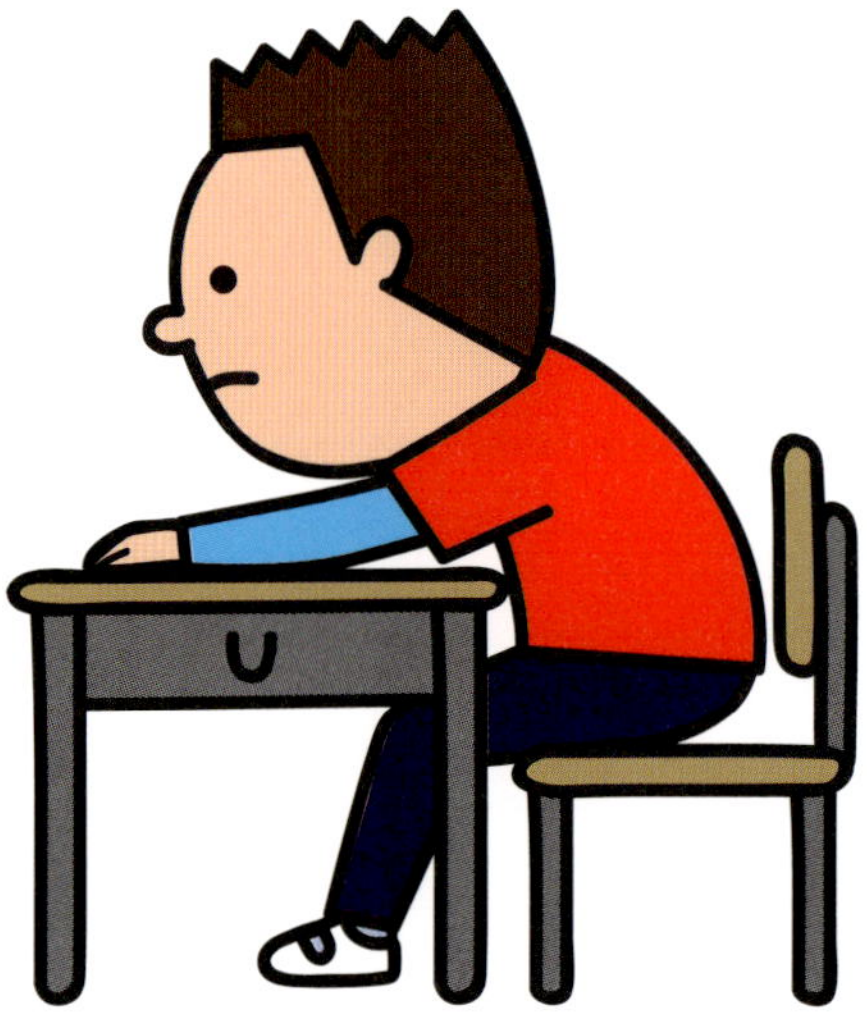

●床に座った姿勢

●立った姿勢

●行進

続きを言ってみよう

本文P.74 言　葉 続きを言ってみよう

・・・　・・・　・・・

あつ〜い

ぐ〜

教えて！ なぞなぞゲーム

本文P.83 言葉 教えて！ なぞなぞゲーム

問題

「ナツヌネノ」っていつ？

ヒント

なにが「ツ」になっている？

問題

おじいちゃんとするスポーツはなあに？

ヒント

祖父《そふ》とやるものだよ

問題

せたいかい
おためでたとう

ヒント

たぬき

問題

白《しろ》い顔《かお》が6つ、
目《め》玉《だま》が21個《こ》
あるものは
なあに？

ヒント

すごろくで
使《つか》うよ

どっちがうれしい？

本文P.85 言 葉 どっちがうれしい？

ごめんね
いいよ

ごめんね
プイ
・・・

見《み》せて
いっしょに
見《み》よう

見《み》せて
えー
やだなぁ

いっしょに練習《れんしゅう》しよう

そんなの簡単《かんたん》だよ

ふわっと言葉・ちくちく言葉

本文P.86 言葉 ふわっと言葉・ちくちく言葉

たくさん使《つか》おう

ふわっと言葉《ことば》

言《い》わない

ちくちく言葉《ことば》

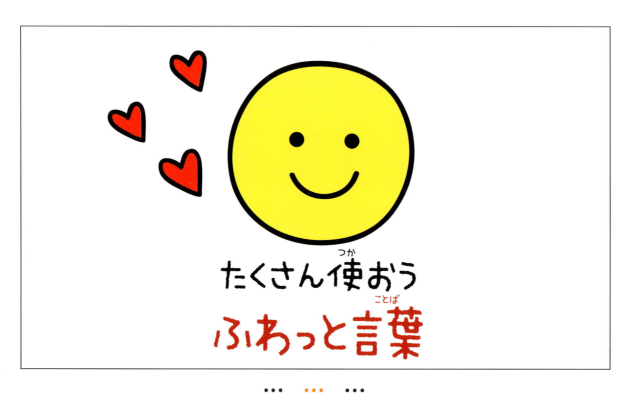

大きな声・小さな声

本文P.87 言 葉 大きな声・小さな声

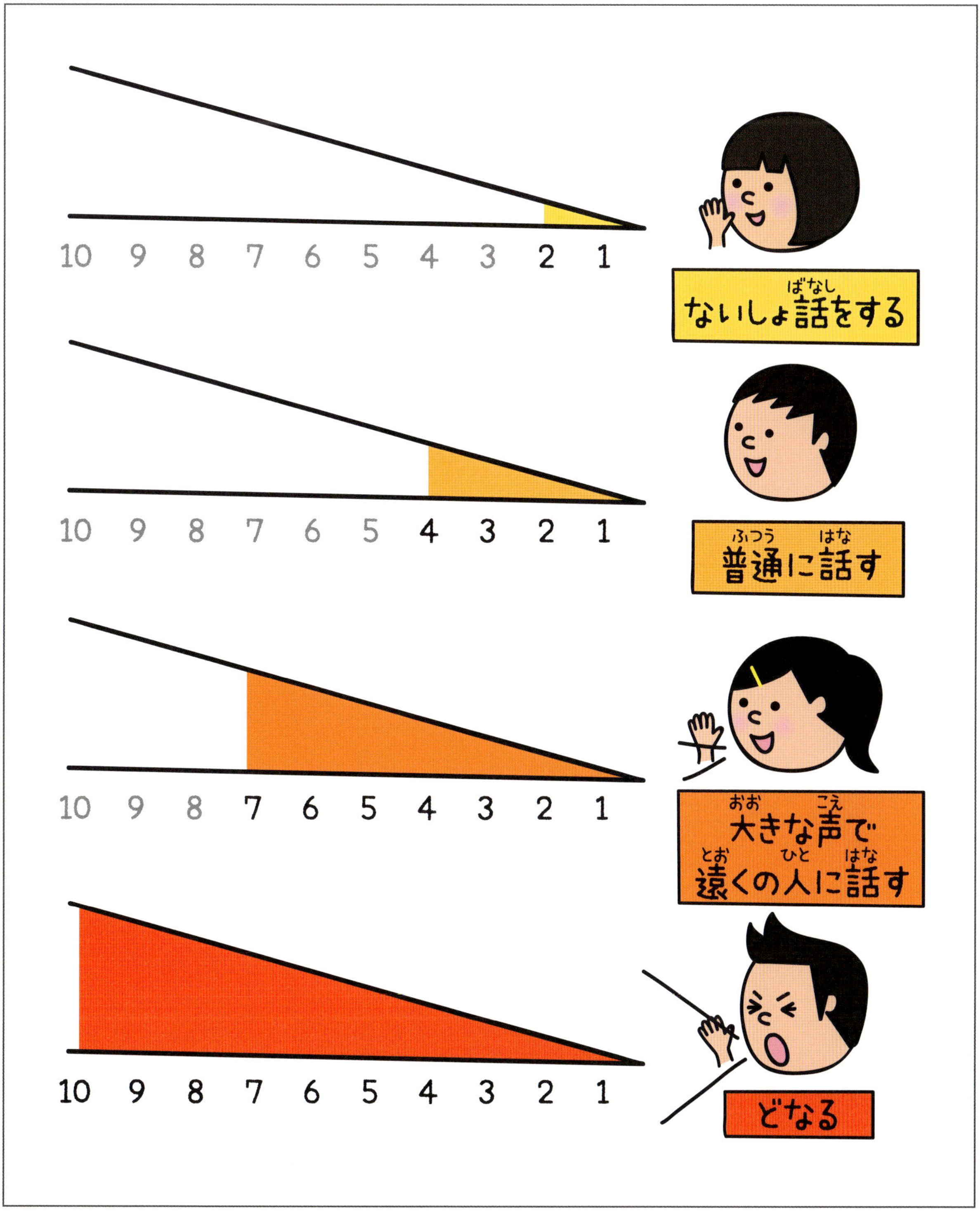

これは許せる？

本文P.104 気持ち　これは許せる？

中

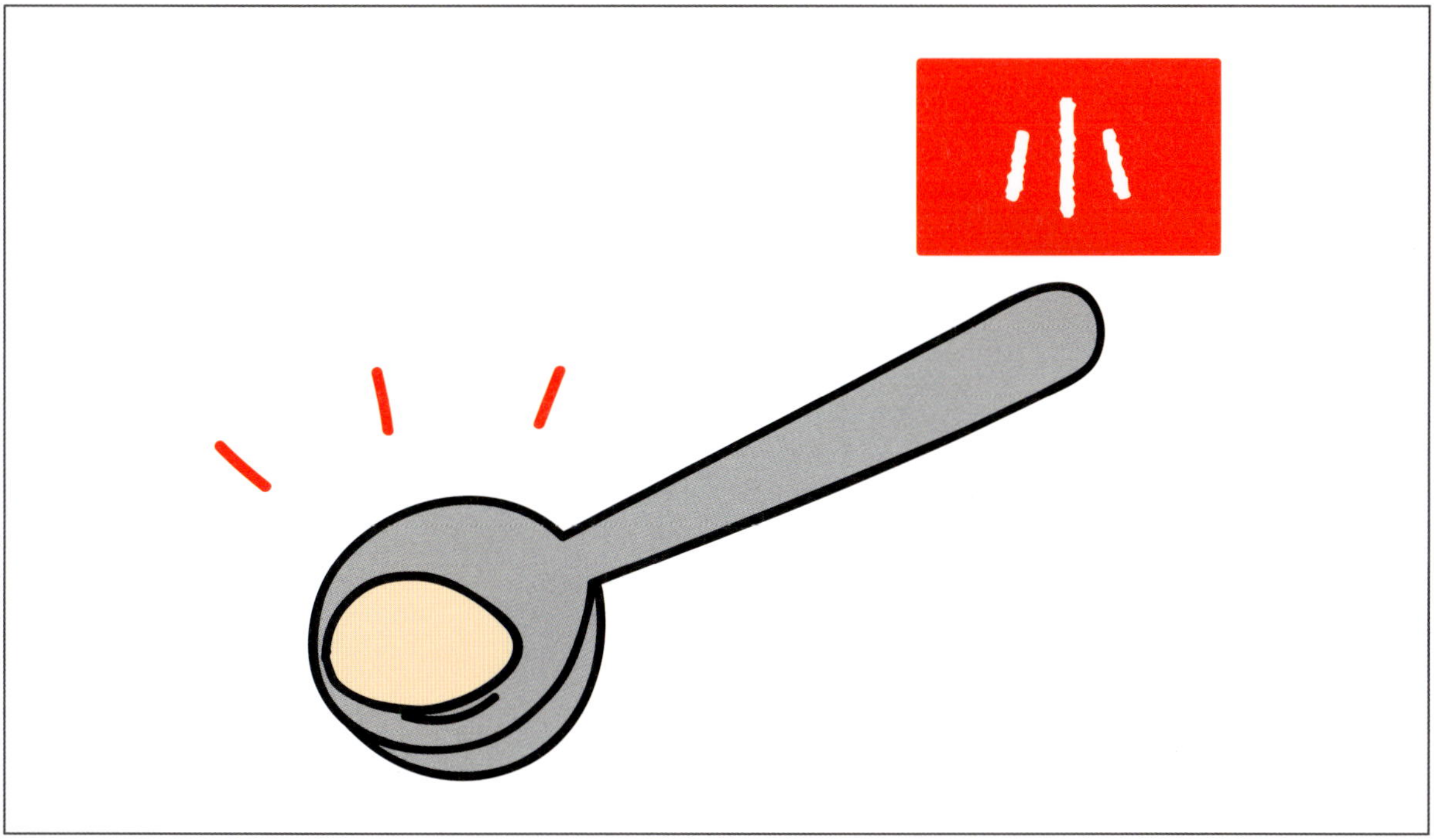
小

断ってみよう

本文P.106 気持ち　断ってみよう

・・・　・・・　・・・

机《つくえ》の上《うえ》に
乗《の》ってみて

きのう
テレビ見《み》た？
コソコソ
・・・

気持ち絵カード

本文P.109 気持ち　気持ち絵カード
本文P.169 自己認知 気持ちをはかってみよう など

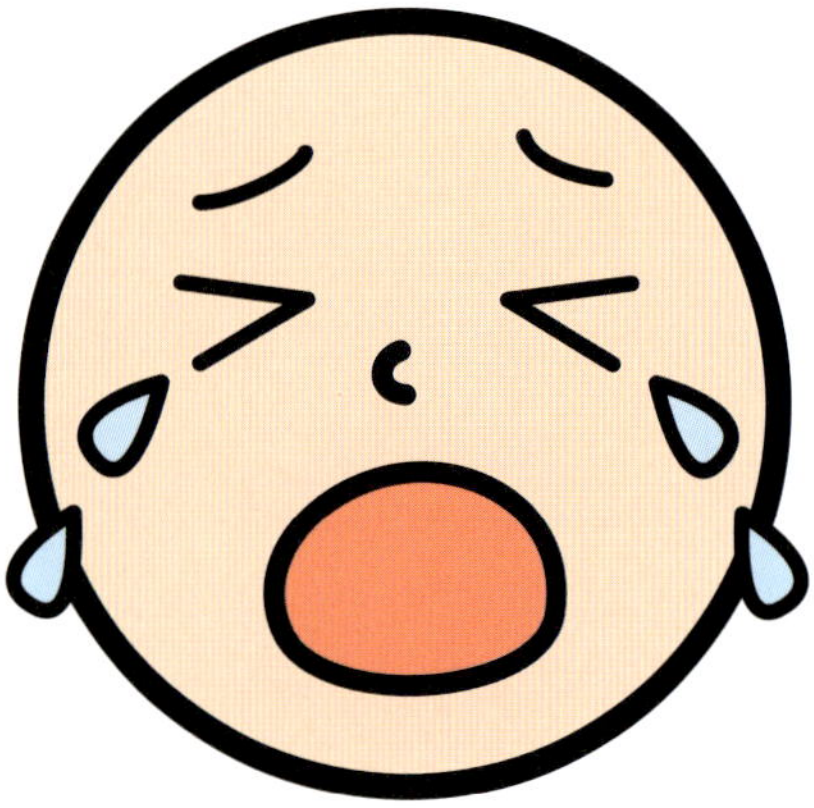

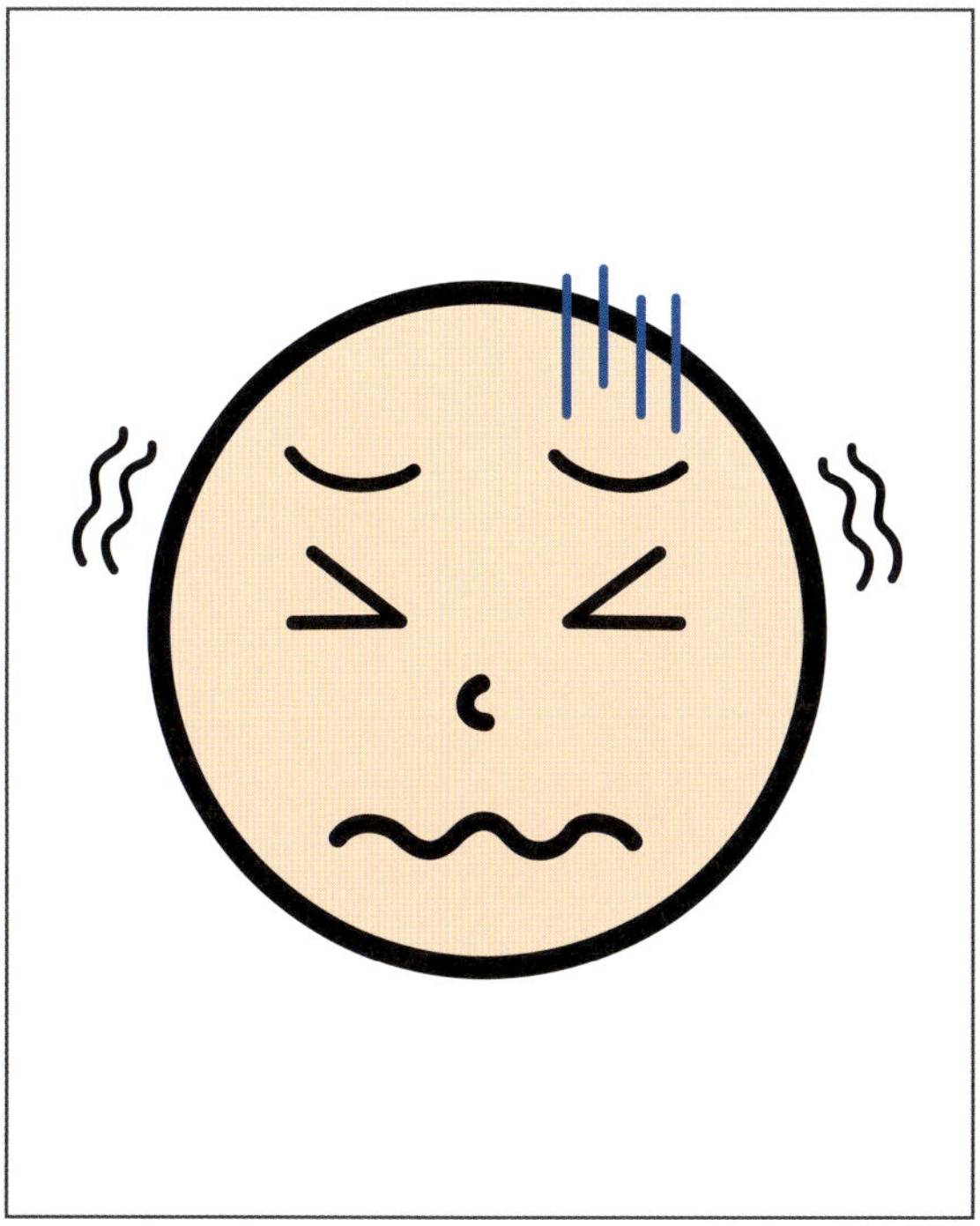

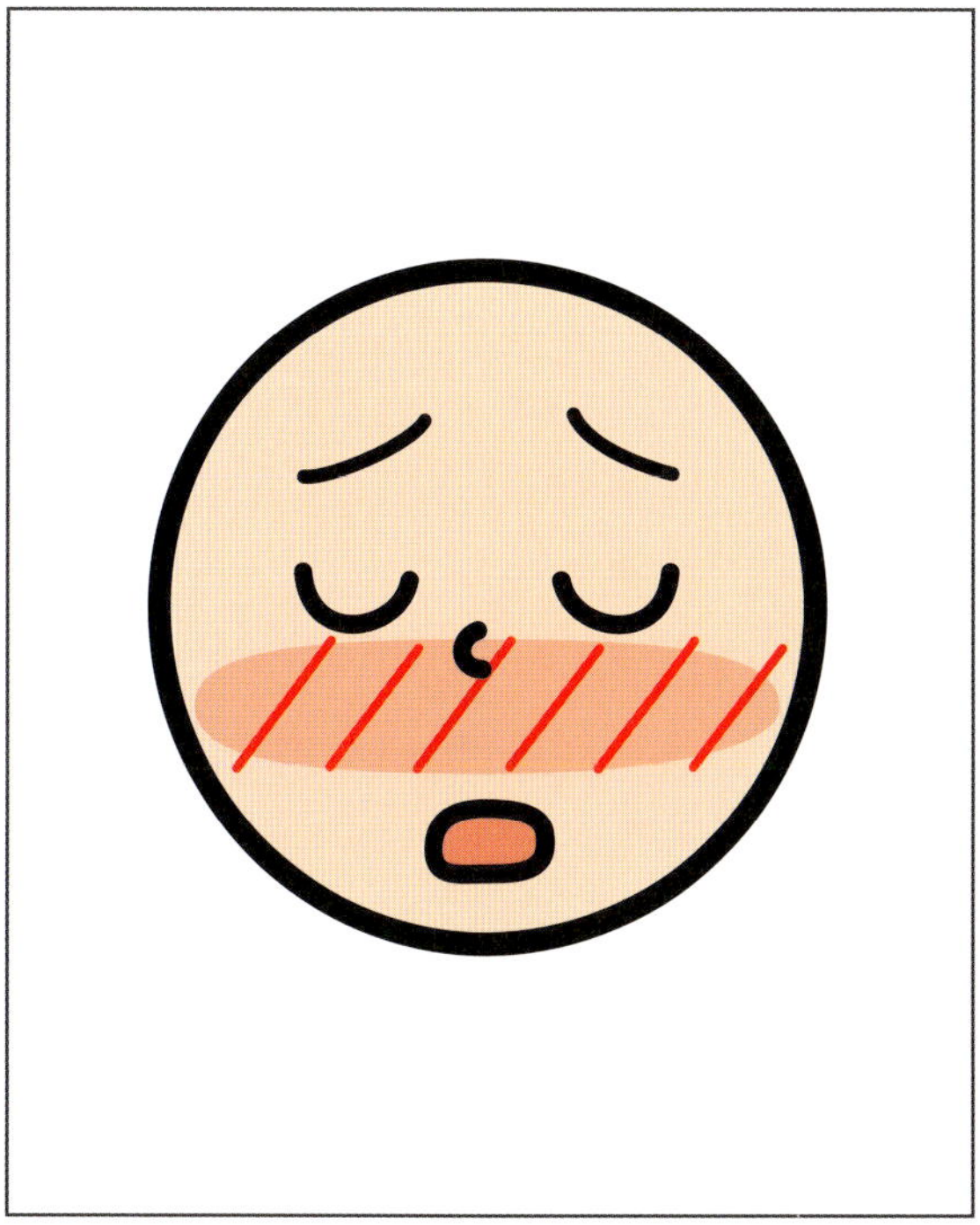

言葉かけカルタ

本文P.111 気持ち 言葉かけカルタ
本文P.116 気持ち 励ましてあげよう

どうしたの？

手《て》伝《つだ》うよ

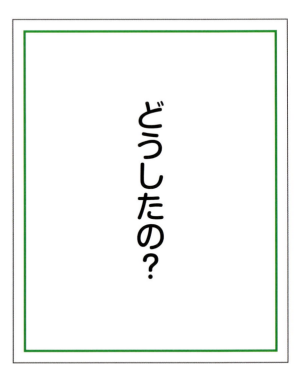

大丈夫《だいじょうぶ》？

ごめんね

がんばれ！

次《つぎ》がんばろう

楽《たの》しいね

いっしょに
やろうよ

この後どうなる？

本文P.133 行　動　この後どうなる？

当番は何のためにするの？

本文P.134 行動 当番は何のためにするの？

●掃除

●給食

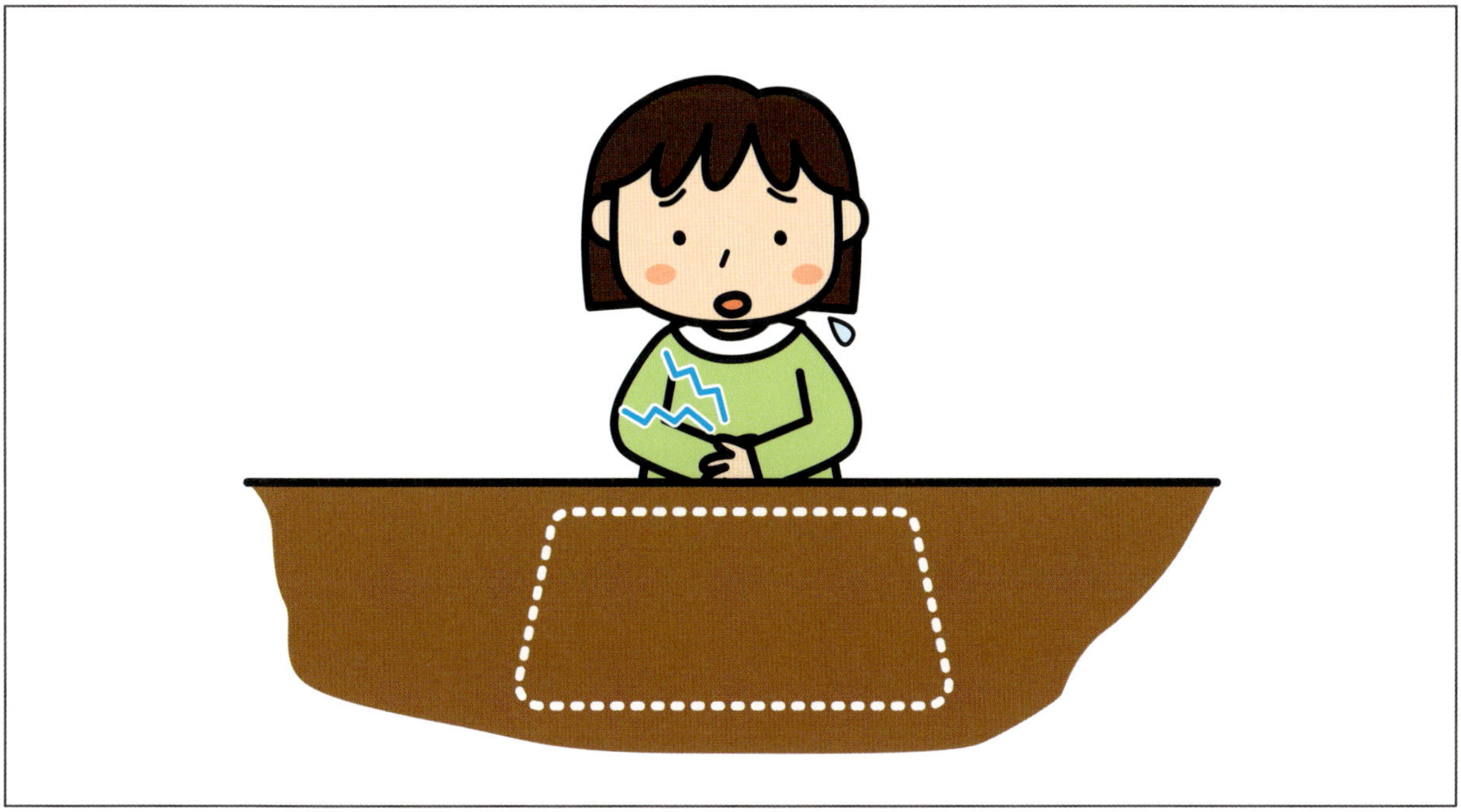

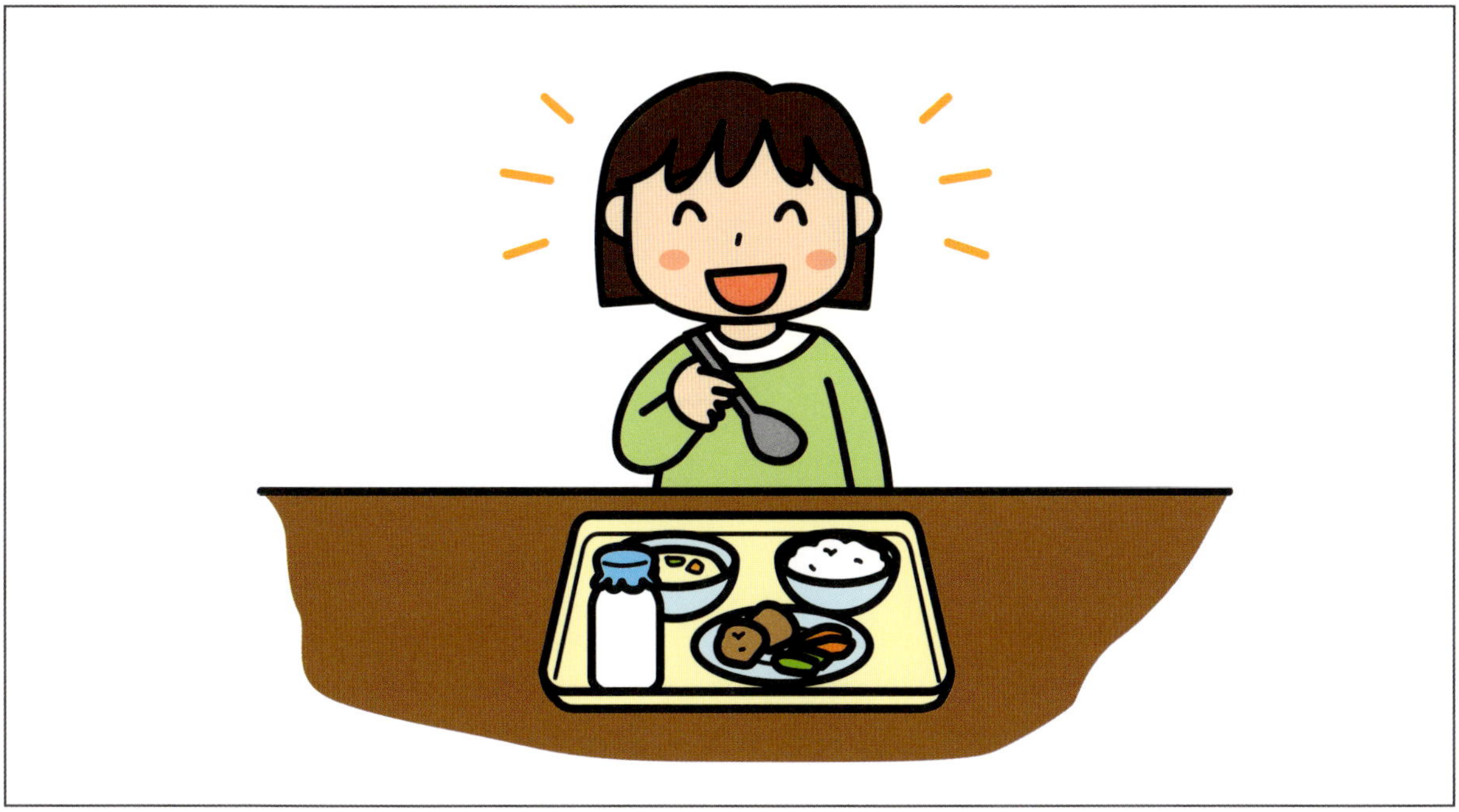

こんにちは